BOSETNING OG SAMFUNN I FINNMARKS FORHISTORIE

Bjørnar Olsen

BOSETNING OG SAMFUNN I FINNMARKS FORHISTORIE

Universitetsforlaget, Oslo

ISBN 82-00-21941-0

Utgitt med støtte fra Norges forskningsråd

Henvendelser om denne utgivelsen kan rettes til:
Universitetsforlaget
Postboks 2959 Tøyen
0608 Oslo

Hvis ikke annet er angitt, er illustrasjonene hentet fra billedarkivet, Tromsø Museum.

Omslag: Erling I. Vindheim
Satt i Universitetsforlaget med New Baskerville 10/13
Trykk: Tangen Grafiske Senter AS, 1994
Innbinding: Bokbinderiet H. M. Refsum A.s

FORORD

Ideen til denne boka kom til da jeg underviste på arkeologi-studiet i Tromsø i årene 1988–1991. Jeg følte da behov for arkeologisk litteratur som på en lettfattelig måte, og på norsk, kunne gi en moderne introduksjon til forhistorien i det nordligste fylket. Det jeg savnet, var en oversikt som kunne binde sammen og belyse pensumartikler fra ulike epoker og fra områder av fylket, samtidig som den i større grad fokuserte på de sosiale prosessene i forhistorien. Det foreliggende arbeid er mitt bidrag til å avhjelpe dette behovet. Som andre fremstillinger er selvsagt også dette et subjektivt bidrag, en versjon av Finnmarks forhistorie slik den fortoner seg sett fra mitt faglige ståsted.

Boka er skrevet vinteren og høsten 1992. Underveis har mange venner og kolleger kommet med positive innspill og kommentarer til utkast jeg la frem. Jeg vil særlig nevne Hein Bjerck, Audhild Schanche, Kjersti Schanche, Marianne Skandfer og Inger Storli. Marianne Skandfer forlagets språkkonsulent Dag Simonsen gjorde en stor jobb med å bedre det språklige uttrykket og skal ha ekstra takk for det. I forbindelse med min søknad om trykkestøtte ble Evert Baudou brukt som faglig konsulent, og også han har bidratt med nyttige kommentarer. Takk også til Marit Karlsen, Olga Kvalheim og Johnny Nordhus, alle Tromsø Museum, for tegninger, foto og reproarbeid. Boka er utgitt med støtte fra Norges Forskningsråd.

Tromsø, juli 1993

INNHOLD

INNLEDNING

I årene mellom 1975 og 1982 utga Povl Simonsen sitt store arbeid «Veidemenn på Nordkalotten», en publikasjonsrekke hvor han tar for seg Nordkalottens forhistorie fra den første bosetningen og helt frem til historisk tid. Det geografiske tyngdepunktet i «Veidemenn»-serien ligger i Finnmark, hvor Simonsen har utført størstedelen av sin arkeologiske forskning. I løpet av den tida som har gått siden disse publikasjonene ble utgitt, er det imidlertid gjennomført en rekke nye arkeologiske undersøkelser i fylket. Nye analyser er blitt publisert, og nye modeller er blitt fremsatt, og de representerer alternativ til Simonsens synsmåter. Noen ny syntetiserende fremstilling av Finnmarks forhistorie foreligger likevel ikke. Med denne boka vil jeg forsøke å skrive en ny versjon av forhistoria i vårt største fylke på grunnlag av den stadig økende mengden av arkeologiske data fra Finnmark.

Boka er imidlertid ikke ment som en oppdatert fremstilling av Finnmarks forhistorie eller som en oppsummering av dagens forskningssituasjon. Endringer i vår oppfatning av fortida skyldes ikke bare nye funn. I like stor grad er de resultat av at nye metoder og tolkningsperpektiv har kastet nytt lys over gamle funn. Arkeologisk forskning er først og fremst intellektuelt arbeid, en kreativ fortolkningsprosess der en lang rekke empiriske og teoretiske forutsetninger ligger til grunn og spiller med. Fortida, og dermed også Finnmarks forhistorie, kan tolkes på forskjellig vis avhengig av det teoretiske og kanskje også det politiske perspektivet til den som skriver. I så måte er dette arbeidet mer å betrakte som et supplement til Simonsens fremstilling enn som en erstatning.

I de forslag, eller modeller, som fremsettes, forsøker jeg å forklare variasjon i tid og rom i Finnmarks forhistorie. Vekten er lagt på store linjer og enkle, men helhetlige skjema. Faren ved en slik fremstilling (og jeg forutser disse innvendingene) er selvsagt at jeg forenkler for mye; at differensierte og kompliserte mønster presses inn i enkle modeller hvor de fremstår som både lette å forstå og lette å forklare.

Mitt forsvar er at modeller alltid vil være forenklede fremstillinger av verden, forenklinger som vi ikke kan klare oss foruten. Fordelen er ikke minst av pedagogisk art: modeller hjelper oss til å tenke og å konkretisere forhold. De hjelper oss til å se sammenhenger og å fokusere på problem. Må vi til sist forkaste noen av de modellene vi brukte, har de likevel hjulpet oss et stykke på vei.

ARKEOLOGI OG SAMFUNN

I disse dager snakkes det mye om forskningens samfunnsrelevans, om hvilken nytte den forskningen som drives på universitetene, har for folk flest. Særlig kritisk kan det sistnevnte spørsmålet føles for de humanistiske fag, og ikke minst kan arkeologien bli stilt i forlegenhet. Hvilken bruk har vi egentlig for ei bok om Finnmarks forhistorie?

Spørsmålet kan være vanskelig å besvare dersom man bare legger økonomisk nytte til grunn. Ser man bort fra den effekt museer og kulturminner har på turistenes tilstrømning til fylket, er arkeologiens økonomiske betydning heller liten. Samfunnsrelevans er imidlertid mer enn økonomi. Når mange småsteder langs Finnmarkskysten i dag ligger øde, når ungdom opplever sin egen hjembygd som ubeboelig periferi, og når folk generelt føler avmakt overfor utviklingen, så er ikke dette utelukkende et spørsmål om økonomi og ressurskrise. Det er også uttrykk for et mentalt verdensbilde som i moderne tid effektivt er blitt formidlet gjennom politikk, medier og utdanning. I dette verdensbildet er Finnmark en utkant, en periferi avhengig av stimuli og tilførsler utenfra.

Arkeologisk forskning kan ikke endre denne ideologien alene, men forskningen kan bidra til å gi kontraster og korreksjoner. Den kan få frem at dagens situasjon ikke er noen naturgitt tilstand, at begrepet «utkant» er betinget av at noen på ett sted har makt til å definere virkeligheten for mennesker på andre steder. Arkeologien kan gi kunnskap om ei tid da det ikke forholdt seg slik. I visse perioder av steinalderen bodde det flere mennesker langs kysten av Finnmark enn de fleste andre steder i landet. Det var livskraftige fangstsamfunn med omfattende kontaktnett, veltilpasset teknologi og et rikt sosialt og rituelt liv. I nesten hver vik finner vi restene etter disse menneskenes boplasser; hus ligger etter hus. Vi finner deres redskap, levnet her i hopetall. Ikke sjelden er det hele og vakre redskap, og man kan undres over hvorfor de bare lot dem igjen her. Kanskje vitner det om en form for rikdom og en tro på at både naturen og menneskene skaper nye verdier bare begge deler blir tatt godt vare på. Dette er en tro som vi kan ha godt av å bli minnet om – og som kanskje også kan bidra til at menneskene fortsatt finner det verd å leve i småbygdene i Finnmark.

Figur 1. Hustufter av Gressbakken-typen i Bergeby, Nesseby kommune. Mange steder langs Finnmarkskysten setter sporene etter steinalderhusene fremdeles sitt preg på landskapet.

LITT OM DATASITUASJONEN

Siden midten av 1800-tallet har det vært drevet arkeologiske undersøkelser i Finnmark. Nordvis pionerarbeid i Varanger (Nordvi 1855) har vært etterfulgt av blant annet Solbergs undersøkelser på Kjelmøy (Solberg 1909), Nummedals studier av Komsakulturen (Bøe og Nummedal 1936), Simonsens omfattende arbeid i Varanger (Simonsen 1961, 1963) og på Sørøya (Simonsen 1968) samt av K. Helskogs helleristningsstudier i Alta (K. Helskog 1988). I samsvar med de kravene kulturminneloven stiller, har det særlig i tida etter 1970 blitt gjennomført store nødgravninger i forbindelse med ulike utbyggingstiltak i fylket. Jeg kan her nevne undersøkelsene i Alta-Kautokeino-vassdraget, Iversfjord på Nordkynhalvøya og Indre og Ytre Sortevik i Porsanger, og på Slettnes på Sørøya. Etter hvert er det også blitt skrevet en rekke magistergrads- og doktorgradsavhandlinger i arkeologi fra Finnmark med utgangspunkt i så vel egne undersøkelser som foreliggende materiale (Odner 1966, Kleppe 1974, Renouf 1981, E. Helskog 1983, Reymert 1980, Olsen 1984, Andreassen 1985,

Schanche 1988, Odner 1990, Hood 1992, Myrvoll 1992). I dag har vi derfor et omfattende materiale som belyser den forhistoriske tida i fylket.

Arkeologien møter også gunstige undersøkelsesforhold i denne delen av Skandinavia. På grunn av liten jordbruksaktivitet og lav jordakkumulasjon er sporene etter forhistoriske strukturer svært godt bevart (figur 1). Inntil 9000 år gamle hustufter er fremdeles synlige på overflaten, og dette gjør at arkeologer som arbeider her, får mye informasjon gratis. Allerede før de har tatt det første spadetaket vet de noe om husenes størrelse, antall og innbyrdes arrangering. Dette er informasjon som arkeologer som arbeider lenger sør, må utføre omfattende utgravninger for å oppnå. Mulighetene var faktisk så utrolige at det først var på slutten av 1930-årene at man erkjente at forsenkningene langs strandterrassene virkelig var hus fra yngre steinalder og ikke gammetufter fra moderne tid. Og vi skulle helt opp til 1980-årene før man for alvor begynte å «se» hus fra eldre steinalder.

Det skal likevel bemerkes at situasjonen ikke bare er rosenrød. Det er en betydelig skjevhet i rom og tid i fordelingen av arkeologiske data fra Finnmark, noe som kompliserer en fremstilling som denne. Størstedelen av de arkeologiske undersøkelsene er konsentrert til kystområdene. Og også her er det betydelige regionale forskjeller, idet mange av undersøkelsene har vært foretatt i Varanger og på Sørøya. Arkeologiske utgravninger i innlandet kom først i gang med Simonsens Pasvikundersøkelser i 1959–1961 (Simonsen 1963), og på Finnmarksvidda ble de første utgravninger foretatt så seint som i 1967 (Simonsen 1979a). Med unntak av utgravningene i forbindelse med utbyggingen av Alta-Kautokeino-vassdraget (Simonsen 1987, Hood og Olsen 1988) er det fremdeles svært lite som er gjort her.

Kronologisk er det også en betydelig skjevhet. Mens eldre forskning var konsentrert om samisk jernalder (Nordvi 1855, Solberg 1909) og (tidlig) eldre steinalder (Bøe og Nummedal 1936), har hovedtyngden av den moderne arkeologiske forskningen i fylket knyttet seg til yngre steinalder. Dette gjør at vår kunnskap om den sistnevnte perioden er langt større enn den vi har om noen annen periode. Særlig dårlig belagt er det første årtusen e.Kr. (Olsen 1984).

TOPOGRAFI OG ØKOLOGI

Finnmark er Norges største fylke, med et flateinnhold på 48 649 km^2. Innenfor dette området er det betydelige forskjeller i topografi og økologi, særlig mellom kyst og innland, men også mellom øst og vest i fylket (figur 2). Kystsonen er fra nord gjennomskåret av fire store og åpne nord–sør-gående fjorder, og i øst danner Varangerfjorden en traktlignende åpning mot Barentshavet. Kystsonen er relativt fattig på skjærgård og mindre øyer, men i vest ligger en rekke større øyer som Sørøya, Magerøya, Seiland og Stjernøy. I forhistorisk tid har også den store Nordkynhalvøya vært

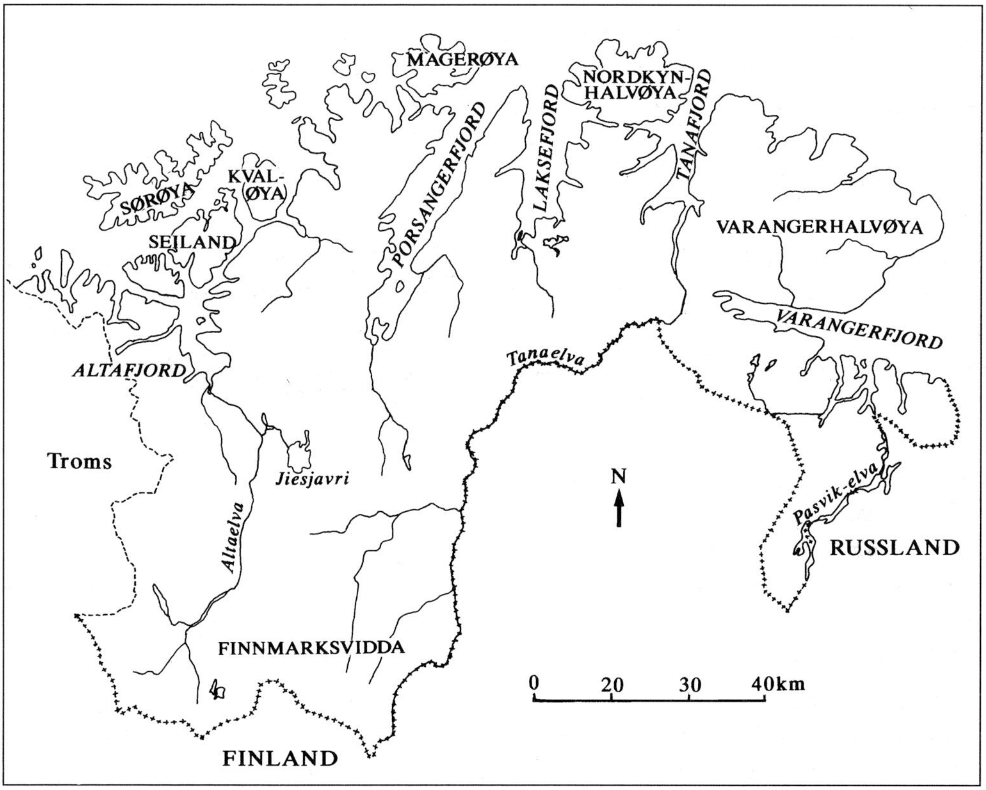

Figur 2. Finnmark fylke.

skilt fra fastlandet. Kystområdene er kuperte og har nokså små strandflater, men fjellene når sjelden over 500–600 meter.

Innlandet er relativt flatt og oversådd med tusenvis av større og mindre innsjøer. I vest danner Finnmarksvidda et stort platå som ligger mellom 400 og 500 meter over havet. Innlandet stykkes opp av flere store nord–sør-gående elver, som Alta-Kautokeino, Tana og Pasvik. Elvedalene danner forlengelser av fjordsystemene inn i innlandet og skaper naturlige forbindelseslinjer mellom kyst og innland.

Området ligger i det subarktiske vegetasjonsbeltet, som i dag domineres av bjørkeskog (Hustich 1968). Det er imidlertid stor forskjell mellom ytterkyst, fjordstrøk og innland. Mens ytterkysten er skogløs, har indre fjordområder betydelige forekomster av bjørkeskog. I innlandet, og især i elvedalene (Pasvik, Karasjok, Alta) finnes enklaver av furuskog. Selv så langt ut på kysten som Stabbursdalen og Børselvdalen i Porsanger er det «øyer» av furuskog, etterlevninger fra den tid da furuskogen dekket en mye større del av Finnmark. Furuskogen i Finnmark utgjør den nordvestligste utløper av det euroasiatiske taigabeltet.

Som i andre subarktiske strøk er de maritime ressursene rikere enn de terrestriske. Kystregionen preges av rike bestander av fisk (torsk, sei, hyse, brosme, uer, laks, sild, kveite og flyndre), sel (ringsel, havert, steinkobbe og grønlandssel), kval og sjøfugl. Den viktigste terrestriske bestand er reinen, men også elg, bjørn, bever, rev, hare og rype har vært viktige ressurser så vel kulturelt som økonomisk for fangstsamfunnene.

KRONOLOGISK AVGRENSING

Boka tar for seg tida fra den første bosetningen i fylket frem til begynnelsen av samisk jernalder. Dette tidsrommet omfatter periodene *eldre steinalder* (10 000–5600 BP/4500 f.Kr.), *yngre steinalder* (4500–1800 f.Kr.) og *tidlig metalltid* (1800–0 f.Kr.). Dateringer angitt med BP (Before Present) representerer ukalibrerte 14-C-år før nåtid, mens dateringer angitt med f.Kr. og e.Kr. representerer kalibrerte verdier, dvs. «normale» kalenderår.

Begrunnelsen for å utelate samisk jernalder og middelalder (0–1700 e.Kr.) er at det er nødvendig å begrense omfanget av dette arbeidet. Dessuten har jeg tidligere (Olsen 1984) presentert en analyse av denne perioden (se også Olsen 1987, 1993; Kleppe 1974, Reymert 1980, Schanche 1988, 1992). Et tredje moment er at det i øyeblikket pågår flere store forskningsprosjekt som vil kunne kaste helt nytt lys over denne siste delen av den forhistoriske tida i Finnmark. I stedet for å gjenta hva jeg tidligere har sagt om denne perioden, ønsker jeg derfor å avvente resultatene av de nye undersøkelsene før en fortsettelse av denne boka skrives.

JEGER-SAMLER-FISKER-SAMFUNN

I Finnmark er det ingen belegg for at tamdyrhold eller dyrking har vært av økonomisk betydning i forhistorisk tid. Dette gjelder også reindriften i fylket, som i sin historisk kjente form synes å være av relativt sein opprinnelse (Olsen 1984, 1987). I hele den tidsepoken jeg her skriver om, fikk derfor samfunnene i Finnmark sine lokale materielle ressurser fra fiske, samling, jakt og fangst. I den arkeologiske og etnografiske eller antropologiske litteraturen benevnes gjerne grupper som har en slik levemåte, som «fangstsamfunn», «jakt-fangst-samfunn», «jeger-samler-samfunn» eller «jegersamfunn». For å gi en bakgrunn for den videre fremstilling skal jeg i dette kapitlet se litt nærmere på en del oppfatninger av og teorier om slike samfunn.

FRA «MAN THE HUNTER» TIL «WOMAN THE GATHERER»

Begrep som «jakt-fangst-samfunn» eller «jegersamfunn» vitner om jaktens eller fangstens antatte betydning for disse samfunnene. Jakt ble gjerne assosiert med menn, og den jaktende mannen var selve symbolet på nåtidige og fortidige jeger-samler-samfunn (Schanche 1988:9, 1989). Illustrerende i så måte er navnet på en stor internasjonal konferanse som ble avholdt i Chicago i 1966, «Man the hunter» (Lee og DeVore 1968). Denne konferansen skulle vise seg å bli en milepæl i etnografisk og arkeologisk forskning på jeger-samler-samfunn.

Paradoksalt nok dokumenterte innlegg på konferansen at innsamlingen av vegetabilske fødevarer var langt viktigere enn jakten i mange jeger-samler-samfunn. Blant Kung-buskmennene i det sørlige Afrika sto jakten for bare 20–30 prosent av kostholdet, resten var vegetabilsk føde (Lee 1968). Etter dette begynte mange å ta i bruk begrep som «samlersamfunn», eller «samler-jeger-samfunn». Ettersom det også ble dokumentert at det i hovedsak var kvinner som sto for innsamlingen av vegetabilsk føde, mente mange at hele konseptet «man the hunter» burde skiftes ut med «woman the gatherer» (Dahlberg 1981, Conkey og Spector 1984).

En stor del av den etnografiske dokumentasjonen av planteinnsamlingens betydning var hentet fra subtropiske og tropiske strøk. I arktiske og subarktiske områder som Finnmark har imidlertid animalsk kosthold naturlig nok alltid vært langt viktigere ernæringsmessig enn vegetabilsk, selv om planter og bær har vært viktige som medisin og vitamintilskudd (Eidlitz 1969:41–42). Likevel betyr ikke dette nødvendigvis at jakten har hatt mye større betydning her. Etnografiske data fra disse nordlige områdene tyder på at fisk, og da innlandsfisk i like stor grad som saltvannsfisk, har spilt den samme stabiliserende rolle i kostholdet som planteføde gjør blant subtropiske og tropiske fangstsamfunn (Graburn og Strong 1973). Derfor er trolig «jeger-samler-fiskersamfunn» en mer korrekt benevnelse på levemåten for samfunnene her nord. Det er heller ingen grunn til å anta at kvinnene i disse samfunnene har hatt en mindre viktig rolle i produksjonen enn sine søstre lenger sør. Etnografiske data, også fra det samiske området, tyder på at kvinnene var aktive deltagere i fisket, særlig innlandsfisket og fjordfisket etter laks, og dermed sto for en betydelig del av den ernæringsmessig viktigste fødevareproduksjonen. (Tanner 1929:118, 134; Nickul 1948.)

SOSIAL ORGANISASJON: FRA EGALITET TIL KOMPLEKSITET

Mens de begrepene som er diskutert over, strengt tatt bare rommer en økonomisk karakteristikk av de omtalte samfunnene, er begrepet «*band-samfunn*» blitt brukt om deres sosiale organisasjonsform (Steward 1955, Service 1966). Begrepet band («horde») ble lenge ansett som ensbetydende med jeger-samlersamfunn, og noe egentlig skille mellom disse begrepene eksisterte derfor ikke. I kjølvannet av «Man the hunter»-konferansen ble det etablert en form for antropologisk (og arkeologisk) konsensus om hva som kjennetegnet band-samfunn.

Band-samfunn (les: jeger-samlersamfunn) var egalitære, uten formelt lederskap. I den grad statusforskjeller eksisterte, var de relatert til kjønn og alder. Det eksisterte ingen eiendomsrett i jeger-samlersamfunn. Alle hadde lik adgang til ressursene, og disse ble fordelt mellom bandets medlemmer. Jeger-samlere akkumulerte ikke verdier, tvert om var sjenerøsitet, det å gi fra seg, et bærende ideologisk prinsipp. Bandet var en fleksibel sosial mekanisme uten fast gruppemedlemskap, det vil si at man kunne skifte tilhørighet mellom ulike band. Territoriene var vagt definert, gruppene var små og mobile, og de hadde en lite spesialisert og lite arbeidskrevende teknologi (Service 1966, Renouf 1984).

Det bildet vi på slutten av 1960-årene hadde av jeger-samlere, var altså at de pr. definisjon levde i små grupper, at de hadde en enkel og egalitær sosial organisasjon og en lite utviklet teknologi, og at de stadig var på flyttefot. På tross av at dette kanskje vekker negative assosiasjoner, er det klart at 1960-årenes antropologer hadde en uomtvistelig sympati for jeger-samler-samfunnenes livsform. For mange representerte slike samfunn et utopisk alternativ, et nostalgisk minne fra tida før syndefallet: jeger-samlere levde i pakt med naturen, de praktiserte likhet og fordeling, og de førte et harmonisk liv uten krig og konflikter. Alt dette gjorde de på et tidspunkt av historia da den industrialiserte, vestlige verden, som majoriteten av antropologene hørte hjemme i, på de fleste felt praktiserte det motsatte. Etter at jeger-samleren i kjølvannet av evolusjonismens triumf på 1800-tallet var blitt dømt til et liv som var «dyrisk, ekkelt og kort» (Orme 1981:32), ble Rousseaus romantiske oppfatning av jeger-samleren som «the nobel savage» rehabilitert av antropologien i 1960-årene. Da det i tillegg viste seg at en persons arbeid med jakt og samling kunne underholde fra fire til fem andre personer, og at enkelte jeger-samler-samfunn bare brukte 12–19 timer i uka på matproduserende aktiviteter (Sahlins 1974:21, Lee 1968:37), kulminerte den nye bølgen med at disse samfunn ble utropt til de «opprinnelige overflodssamfunn» (Sahlins 1968).

Likevel var den positive holdningen tvetydig. Jeger-samler-samfunn var, uansett fortrinn for øvrig, fortsatt enkle, og de passet forbløffende godt som det laveste trinn på de sosiale utviklingsstigene som de fleste av antropologene (og etter hvert arkeologene) bekjente seg til (Service 1962). Jeger-samler-samfunn ble sett på som ensartede og homogene, som én sosial og økonomisk kategori som man kunne kontrastere med andre sosioøkonomiske kategorier. Klassisk i så måte var det eksklusive skillet som ble satt opp mellom jeger-samlere og jordbrukere basert på følgende motsetninger:

JEGER-SAMLERE:		JORDBRUKERE:
egalitære	–	segmenterte og hierarkiske
mobile	–	bofaste
lavteknologiske	–	teknologisk avanserte
løs sosial struktur	–	fast sosial struktur

For at vi bedre skal forstå begrensningene ved denne opposisjonsmodellen, og ved forenklingen og stereotypiseringen av jeger-samler-samfunn, kan det være nyttig å se litt nærmere på hvordan man har forsøkt å begrunne et slikt eksklusivt skille. Den franske antropologen Meillassoux har prøvd å forklare den antatte kontrasten mellom bønder og jeger-samlere ved å skille mellom de samfunn som investerer arbeid i land eller jord, og de som ikke gjør det (Meillasoux 1973). I de sistnevnte samfunn, der land er hva han kaller «a subject of labour», høstes naturressursene med øyeblikkelig resultat uten forutgående investeringer. Slike samfunn er ofte mobile, har en løs sosial organisasjon og eksisterer innenfor vage territorielle grenser. De står i motsetning til samfunn som nedlegger arbeid i jorda (for eksempel i form av åkrer), der land eller jord er hva Meillasoux kaller «an instrument of labour». Her går det relativt lang tid før resultatene av arbeidet kan høstes. Dette binder gruppene til bestemte områder, og slike «investerende» samfunn er derfor bofaste og eksisterer innenfor klart definerte territorier. Denne typen samfunn har også en fastere og ofte hierarkisk sosial organisasjon. Ifølge Meillasoux er jeger-samlersamfunn «ikkeinvesterende», mens jordbrukssamfunn er identiske med «investerende» samfunn.

Det er klart at denne distinksjonen mellom «investerende» jordbrukere og «ikkeinvesterende» jeger-samlere ikke har relevans i en lang rekke områder, selv ikke i tropiske eller subtropiske strøk av kloden hvor Meillasoux henter sine data fra. For eksempel kjenner vi tilfeller der jeger-samlere i det nordlige Australia har gravd kanalanlegg for å lede fisk til visse fangstplasser, og fra ei elv til ei annen (B. Bender, personlig kommentar). Dette er en helt klar «investering» hvor utbyttet av en arbeidsinnsats først vil vise seg seinere, kanskje først etter noen år.

Enda mindre relevans har skillet i mange arktiske og subarktiske områder hvor jeger-samlergrupper har nedlagt arbeid i å lage permanente fangstinnretninger, for eksempel fangstanlegg for elg og villrein. Fra Finnmark kjenner vi flere hundre større og mindre slike anlegg (Vorren 1958, 1978). Disse fangstanleggene krevde en betydelig arbeidsinnsats ved at man for eksempel gravde rekker av dype fangstgraver i reinens trekkveier. Man investerer her i jorda på et vis som i prinsippet ikke er særlig forskjellig fra det å anlegge en åker, ettersom utbyttet av den store arbeidsinnsatsen først vil kunne høstes seinere. Byggingen og vedlikeholdet av fangstanleggene, og organiseringen av fangsten, krevde betydelig samarbeid, og kan ha påvirket samfunnets sosiale organisasjon (Olsen 1984, 1987). Når anleggene vedlikeholdes, kan de brukes over lang tid, og investering i slike faste og arbeidskrevende fangstinnretninger kan ha medvirket til utvikling av klart definerte territorielle grenser slik vi kjenner dem fra de samiske siidaene (Vorren 1980).

I 1970- og 1980-årene ble det åpenbart at det knyttet seg store problemer til den enkle band-modellen. Denne modellen ser ut til å være fremkommet gjennom en svært selektiv bruk av data fra jeger-samler-samfunn i visse subtropiske og tropiske strøk, fremfor alt Afrika, hvor Kung-buskmennene og Mbuti-pygmeene utgjorde prototypen på band-samfunn. Etter hvert ble det klart at et erverv basert på jakt, fangst, fiske og samling ikke i seg selv var avgjørende for utformingen av den sosiale struktur. Jeger-samlersamfunn hadde ingen entydig sosial utforming, og en lang rekke studier viste at bofasthet, lederskap, økonomisk ulikhet, makt og konflikter ikke var fremmede faktorer i en del slike samfunn (Price og Brown 1985).

Noe av ammunisjonen hentet de som forfektet den nye oppfatningen av jegersamlersamfunn som mer komplekse, nettopp fra etnografiske studier av nordlige samfunn. Det gjaldt nordvestkystindianerne i Canada og Alaska og Point Barrow-inuitene i Alaska (Spencer 1959, Yesner 1980, Renouf 1984). Nordvestkystindianerne var jeger-samlere, men bodde i store sedentære eller semisedentære landsbyer i flerfamiliehus. Samfunnene var sosialt stratifiserte, og det inngikk også et lederskap av høvdinger (figur 3). Teknologien var spesialisert, og inkluderte teknikker for lagring av mat, et trekk som ofte er fremhevet som typisk for bofaste jeger-samlersamfunn (Woodburn 1980, Testart 1982). Visse ressurser var underlagt streng eiendomsrett, og akkumulering av verdier var en kilde til status. En måte å realisere status på var såkalte «potlatch»-seremonier. Dette var fester hvor mektige menn «konkurrerte» om status og innflytelse gjennom å gi vekk eller ødelegge størst mulige verdier (Yesner 1980:727–735, Renouf 1984).

Figur 3. Tlingit-indiansk høvding fra sørkysten av Alaska. Tegning fra 1888 (Etter A. P. Niblack 1970).

Point Barrow-inuitene er en kystgruppe hvor fangst av sjøpattedyr var og er særlig viktig. De hadde en spesialisert fangstteknologi som inkluderte båter og lagringsfasiliteter, og de bodde i torvhus i store, sedentære landsbyer. I deres samfunn hadde båteieren, *umeliaken*, en svært spesiell posisjon. Umeliaken ledet en hvalfangstgruppe, og denne gruppen var lojal mot ham (– alltid en mann), og mot det seremonielle hus som gruppen var assosiert med. Det å være umeliak betydde at man hadde en svært innflytelsesrik posisjon, som ble oppnådd gjennom velstand og personlige egenskaper. Man vedlikeholdt posisjonen gjennom suksess i jakten og ved å vise sjenerøsitet mot fangstgruppen og dens familier. Til sammen utgjorde umeliakene et distinkt sosialt og økonomisk sjikt i et ellers relativt egalitært samfunn (Spencer 1959, Renouf 1984).

Etter hvert som flere studier ble offentliggjort, ble det en trend å påvise «kompleksitet» også i forhistoriske jeger-samlersamfunn. Eksempler på dette er Prices studier av dansk mesolittikum (Price 1985, 1991), O'Sheas og Zvelebils analyse av det mesolittiske gravfeltet på Oleni Ostrov i Onegasjøen (O'Shea og Zvelebil 1984) og Renoufs analyser av yngre steinalder i Varanger (Renouf 1984, 1988, 1989). Med «sjekklister» fra blant annet nordvestkystindianerne forsøkte man å peke ut trekk som man oppfattet som diagnostiske for kompleksitet. Det gjaldt bofasthet, spesialisert teknologi (som blant annet inkluderte permanente hus), sosial stratifikasjon, rituelle manifestasjoner, lagerfasiliteter o.a. Mens jeger-samlersamfunn tidligere *skulle* være enkle, mente enkelte kritiske røster at man nå gikk i den motsatte grøft og nærmest pådyttet forhistoriske jeger-samlere en dubiøs karakteristikk som «komplekse» (Hood 1992:kapittel 2). Og ut fra vår egen verdinorm er det selvsagt bedre å være kompleks enn enkel.

DIFFERENSIERING ELLER NYE STEREOTYPIER?

Erkjennelsen av at jeger-samlersamfunn ikke var noen ensartet samfunnstype, var utvilsomt viktig. De nye studiene viste utilstrekkeligheten ved den naive tiltroen til band-modellen som mange arkeologer hadde (for eksempel Olsen 1984:kapittel 4). Også i jeger-samlersamfunn eksisterer det maktforhold og konflikter som følge av ulik adgang til ressurser (både materielle og immaterielle). Flere nyere studier (for eksempel Kent 1989) har blant annet vist at omfanget av konflikter og fysisk vold øker i jeger-samlersamfunn som går over fra å være mobile til å bli sedentære. Den konfliktforebyggende (og konfliktløsende) mekanismen som ligger i mobiliteten, ved at en kan bryte opp og dra («voting with your feet»), må i mer sedentære samfunn erstattes av sosiale sanksjoner og større regulering av atferd. Man skal i denne sammenheng være oppmerksom på at maktforhold og konflikter ikke nødvendigvis fordrer det vi normalt oppfatter som sosial underordning, for eksempel i form av «klasser», men at de kan være knyttet til naturlige skillelinjer som kjønn og alder.

På tross av at det utvilsomt var påkrevd å nyansere det forenklede synet på jeger-samlersamfunn, kan det synes som at den nye erkjennelsen av heterogenitet ofte resulterte i en nesten like stereotyp inndeling av jeger-samlersamfunn ut fra enten–eller-motsetninger. Illustrerende for slike eksklusive todelinger er Raffertys skille mellom mobile og sedentære jeger-samlere (Rafferty 1985). Noe mer nyansert er Binfords forslag om å skille mellom «foragers» og «collectors» (Binford 1980). De førstnevnte lagrer ikke ressurser og flytter hovedboplassen (base camp) etter ressursenes sesongvise tilstedeværelse (såkalt «residental mobility»). «Collectors» praktiserer et system der ressursene utnyttes fra temporære spesialboplasser, men bringes tilbake til semisedentære hovedboplasser, hvor man ofte lagrer føde (såkalt «logistical mobility»). Dette åpner igjen for en annen måte å kategorisere jeger-samlersamfunn på: nemlig ved å skille mellom samfunn som opererer med forråd, det vil si

Figur 4. Inuit-landsby i Hooper Bay, Alaska. Husene er bygget av torv og står på toppen av avfallslag fra eldre bosetning. Bildet er tatt mellom 1908 og 1915 (Etter J.W. Vanstone 1984).

som lagrer ressursene, og slike som er ikke-lagrende (Testart 1982). Woodburn (1980) uttrykker noe av det samme gjennom å skille mellom samfunn som baserer seg på «direkte forbruk» (immediate return), og samfunn med «utsatt forbruk» (delayed return). De siste kategoriene ligger nær opptil Meillasouxs begrep, som er beskrevet foran, men ifølge Woodburn er «delayed return systems» også typisk for sedentære jeger-samlere som lagrer matoverskudd (Woodburn 1980:98–99). Han hevder videre at bofasthet og lagring/utsatt forbruk i jeger-samlersamfunn resulterer i en kompleks samfunnsorganisering. Grunnen er at slike faktorer både krever langsiktig planlegging og kontroll av arbeid samt mekanismer for å kontrollere og regulere matoverskuddet.

På tross av at typologier som dette kan være nyttige analytiske hjelpemidler, er det en fare for at nyansene, kombinasjonene og fleksibiliteten blir ofret til fordel for de eksklusive dikotomiene. Dette leder lett til mentale blindspor der jeger-samlersamfunn lar seg kategorisere som enten «enkle» eller «komplekse». Dermed er vi (eller kanskje mer riktig jeger-samlerne) låst i nye stereotypier hvor slike samfunn enkelt kan puttes inn i typologier som er satt opp på forhånd. Problemet er selvsagt at man på veien har mistet heterogeniteten og dynamikken av syne når det gjelder de former for sosial organisering, økonomiske strategier og bosetningsmønster som kan gjøre seg gjeldende i jeger-samlersamfunn.

Dessuten er begrepet «kompleksitet» i seg selv uhyre problematisk fordi det reiser nye spørsmål: Kompleksitet målt i forhold til hva? Hvilke kriterier skal vektlegges når man vil avgjøre om et jeger-samlersamfunn er «komplekst»? Det kan synes som at velkjente variabler fra de moderne, vestlige samfunn, av typen lederskap, økonomisk og sosial differensiering samt teknologi, er det som blir avgjørende når man bedømmer om et samfunn er komplekst eller ikke. Illustrerende i så måte er det forhold at australske jeger-samlere som har utviklet svært komplekse system for blant annet sosial klassifikasjon og slektskap, blir kategorisert som «enkle» fordi deres teknologi oppfattes som lite kompleks. Dermed blir forhold som viser likhet med den a priori antatte kompleksitet i våre egne moderne samfunn, det avgjørende kriterium. Dette innebærer at man projiserer egne verdinormer på andre samfunn (Schanche 1988:15, Hood 1992).

Som en konklusjon på dette kapitlet vil jeg si at jeg tror vi må innse at det å være jeger-fisker-samler åpner for en lang rekke sosiale, økonomiske og kulturelle former og strategier. De formene jeger-samlersamfunn kan anta, lar seg ikke inndele etter eksklusive dikotomier, men må heller sees langs akser der det er grader av ulikhet, og der ytterpunktene kan ligge langt fra hverandre. Som arkeologer stilles vi også overfor det særlige problem som Wobst har kalt «the tyranny of the ethnographic record» (Wobst 1978). De bilder vi danner oss av forhistoriske jeger-samlere bygger på analogier med etnografisk kjente jeger-samlersamfunn. Dermed er det fare for at vi som arkeologer bare reproduserer etnografiske beretninger. Etnografer har kun hatt anledning til å studere jeger-samlersamfunn i ei tid da disse samfunnene utgjør en forsvinnende liten minoritet i forhold til andre samfunnsformer; det vil si ei tid da jeger-samlere ikke lever i en verden av jeger-samlere (Denbow 1984:188), men i en verden av jordbruk, industri og kolonialisme. Vi må derfor stille spørsmålet om hvor representative de etnografiske beretningene er når det gjelder jeger-samlersamfunn i forhistorisk tid. Dette er et dilemma, og det er selvsagt forbundet med generelle erkjennelsesmessige problem som arkeologene sliter med: Kan vi frigjøre oss fra den tid vi selv lever i; kan vi fatte noe som ikke har paralleller i noe nåværende eller historisk kjent samfunn? (Johnsen og Olsen 1992.) Noe enkelt svar finnes ikke, men bevisstheten om problemet kan i seg selv være et nyttig korrektiv når vi studerer forhistoriske samfunn. Det er et korrektiv jeg selv får bruk for når jeg nå skal begi meg ut på en vanskelig vandring gjennom Finnmarks forhistorie.

ELDRE STEINALDER

I Finnmark har funnene fra eldre steinalder tradisjonelt vært omtalt som *Komsakulturen,* navngitt etter Komsafjellet i Alta, der Anders Nummedal i 1925 fant de første mesolittiske lokaliteter i fylket (Nummedal 1929). Begrepet har vært under debatt, men på tross av mange kritiske merknader (se E. Helskog 1974, Schanche 1988) har det vist seg bemerkelsesverdig seiglivet. Ennå i dag er dette begrepet i bruk som betegnelse på den eldste bosetningen i Finnmark (for eksempel i Price 1991).

Hva er så innvendingene mot dette begrepet, som er så innarbeidet i norsk arkeologi og så kjent blant folk flest? Ett forhold som kritiseres, er at begrepet «Komsakulturen» indikerer en homogen kulturgruppe – én «Komsa*kultur*». Ut fra dette kan den tilsynelatende uskyldige begrepsbruken tilsløre at det dreier seg om en 5000 år lang bosetnings- og kulturhistorie. Oppfatningen av Komsa som *ett* kulturelt kompleks, uten variasjon i tid og rom, er også blitt formidlet gjennom arkeologiske tekster, især i halvt populærvitenskapelige oversiktsverker (Hagen 1977:38–40, Magnus og Myhre 1986:34–36, Simonsen 1975:46–50). Her har utvalgte redskapsformer blitt presentert som «Komsakulturens inventar», uten at det er tatt hensyn til kronologisk og regional variasjon. Det innebærer en konstruksjon av et idealtypisk (og statisk) funnregister, som så igjen har blitt brukt som belegg for «Komsakulturens» statiske karakter. Følgende sitat fra Magnus og Myhres oversikt over Norges forhistorie kan illustrere dette:

> i nord forandret redskapene seg lite gjennom tidene, men i sør ser det ut til at de redskapene som er så typisk for Fosna-boplassene, gradvis ble erstattet av andre typer i boreal og atlantisk tid (Magnus og Myhre 1986:36).

Slike utsagn føyer seg lett inn i et utbredt, kulturpolitisk farget tankegods der en hovedidé er at de nordlige fangstkulturer alltid har hatt noe statisk og uforanderlig over seg,

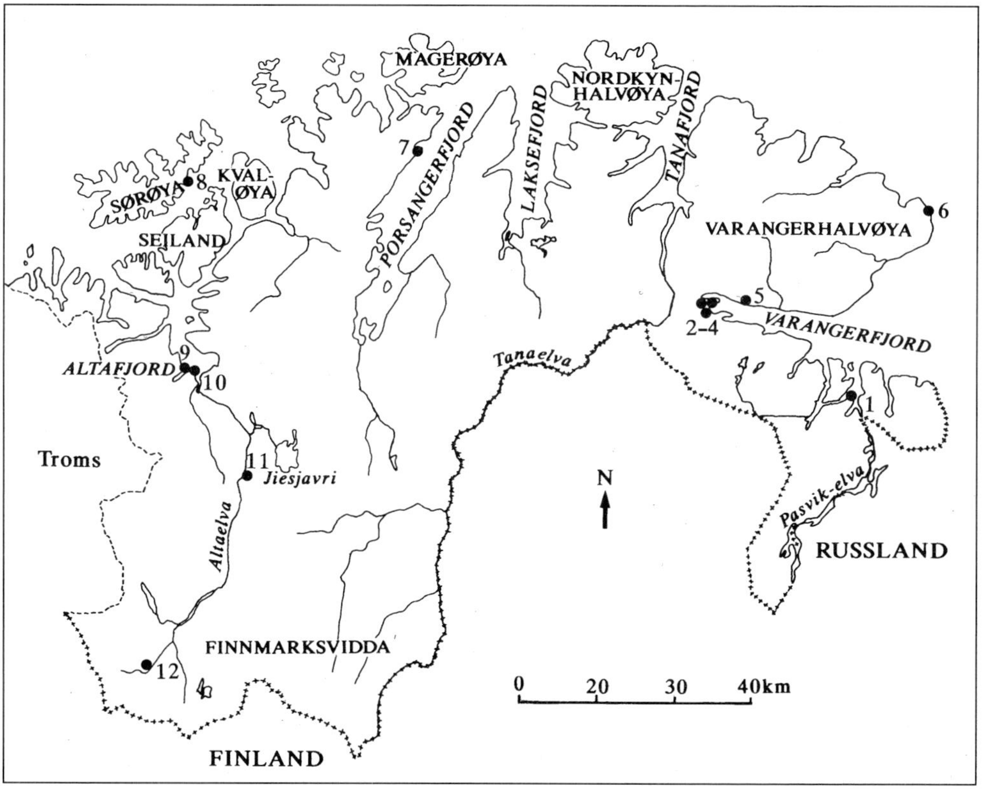

Figur 5. Funnsteder fra eldre steinalder som omtales i teksten. 1: Seilmerket, 2: Ovenfor Gropbakkeengen, 3: Stàretnjunni, 4: Sæleneshøgda, 5: Mortensnes, 6: Smellror, 7: Vedbotneidet, 8: Slettnes, 9: Tollevik, 10: Steinseng, 11: Virdnejàvri 113, 12: Aksojàvri.

at de mangler den kreativitet og evne til innovasjon som preger observatørens (arkeologens) egen kultur (Olsen 1991). I populære fremstillinger smelter de også lett sammen med de halvt mytiske arkeologiske fortellinger om at en paleolittisk kultur kanskje «overvintret» på Finnmarkskysten. Denne kulturen skulle så med sine primitive redskapsformer ha gjennomlevd hele den mesolittiske perioden (Bjørn 1930).

En av grunnene til at begrepet «Komsakulturen» har vært så seiglivet, er trolig at eldre steinalder i Finnmark har vært et lavt prioritert forskningsfelt. Arkeologiske utgravninger har vært få og små, og mye av materialet skriver seg fra overflateoppsamlinger utført av Nummedal mellom 1925 og 1931. Dette har medført at kunnskapen om kronologisk og geografisk variasjon er begrenset, noe som igjen kan ha bidratt til at forestillinger om noe statisk og primitivt har fått leve videre. Illustrerende i så måte er at et tilsvarende kulturbegrep ikke anvendes på yngre steinalder i Finnmark, som har vært gjenstand for langt mer omfattende forskning enn det eldste tidsavsnittet.

NATURFORHOLD I ELDRE STEINALDER I FINNMARK

Finnmark synes å ha fått sin første bosetning for rundt 10 000 år siden, og eldre steinalder omfatter hele den lange tidsperioden frem til ca. 4500 år f.Kr. I løpet av denne perioden skjer det også store endringer i naturforholdene, og de må ha påvirket så vel ressurstilgang som menneskenes oppfatning av omgivelsene. Jeg skal gi en kort beskrivelse av hovedtrekkene i utviklingen.

For å foregripe eventuelle påstander om «naturdeterminisme» vil jeg imidlertid først få fremheve noen sentrale, generelle forhold. De naturlige omgivelsene, og endringene i disse, er noe menneskene må forholde seg til. Dette betyr ikke at naturen styrer de sosiale, økonomiske og kulturelle former samfunnene kan anta, eller at menneskene bare passivt tilpasser seg en lovbestemt virkelighet. Naturen setter grove rammer for økonomiske strategier (man dorger ikke sei i Kalahari, og dyrker ikke mais på Svalbard), men innenfor disse rammene er det rom for en enorm variasjon. Likevel er det klart at naturen, omgivelsene, har en sentral plass i folks bevissthet og kultur. Det er liten grunn til å anta at vår tids moderne oppfatning av naturen som noe som er atskilt fra kulturen og som bare er et objekt for menneskene i deres søken etter økonomisk nytte (noe man lever av og ikke i), samsvarer med oppfatninger i de forhistoriske samfunn vi her beskjeftiger oss med. Dette betyr selvsagt ikke at de ressursene man høstet, ikke var viktige. Naturen, det vil si land, sjø, dyr og vegetasjon, hadde imidlertid også religiøs, sosial og kulturell betydning, som bolig for forfedre og guder, som symbol for sosiale relasjoner. Fjell, sjøer, dyr og planter utgjorde «tankeredskap» som menneskene kunne bruke til å konkretisere abstrakte forhold og konstruere sosiale og kosmologiske «kart» med (Levi-Strauss 1966). Dersom topografiske trekk ble endret, for eksempel ved at skogen (og dermed mange av dens dyr) trakk seg tilbake fra kysten, måtte kanskje «kartene» justeres etter det nye terrenget, eller de gamle «kartene» måtte kanskje utvides med nye områder. Dette er noe man også skal ta i betraktning når jeg i det følgende skal forsøke å redegjøre for hvordan naturforholdene i Finnmark endret seg i løpet av eldre steinalder.

For 30 000 år siden var Finnmark dekket av en tykk iskappe, som strakte seg så langt sør som til det nordlige Tyskland. Allerede for 13 000–14 000 år siden hadde imidlertid isen trukket seg tilbake fra deler av den ytre kyststripa i Finnmark, og for omkring 11 000 år siden var også fjordområdene isfrie (Sollid m.fl. 1973). I løpet av preboreal tid (10 000–9000 BP/9000–8000 f.Kr) og boreal tid (9000–8000 BP/ 8000–7000 f.Kr.) forsvinner dessuten isen fra innlandsområdene. I perioden fra isavsmeltingen og frem til ca. 10 000 BP var landskapet åpent, og vegetasjonen besto av vier, gress og lyng. I løpet av preboreal tid ble det åpne landskapet gradvis tatt over av bjørkeskogen, og ikke lenge etter, ca. 8500 BP, innvandrer også furua (Hyvärinen 1975, 1979).

Figur 6. Vannrullet mikroflekkeblokk fra Slettnes, Sørøya.

Atlantisk tid, ca. 8000–5000 BP (7000–3800 f.Kr), representerer et optimum i den postglasiale klimautviklingen. Klimaet er relativt varmt og tørt, med sommertemperaturer som i gjennomsnitt lå 1,5–2 grader høyere enn i dag (Eronen 1979:110, Karlén 1976:28–30). I løpet av atlantisk tid utkonkurrerte furua bjørka i lavereliggende strøk i innlandet og langs fjordene. Daterte myrfunn av furustubber tyder på at størstedelen av Finnmarksvidda var dekket av furuskog 6000 f.Kr. (Hyvärinen 1975, 1985). Furua holder stillingen til ca. 3800 f.Kr., og i atlantisk tid finnes furu i blandingsskog med bjørk langt ut i de ytre fjordstrøk i Finnmark. Dette vegetasjonsbildet betyr at det var mer varierte biotoper på kysten av Finnmark i boreal og atlantisk tid enn i dag. Elgen kan ha hatt større utbredelse, og reinen kan ha funnet vinterbeite nærmere kysten (Hood 1992:73).

Samtidig som det skjedde store endringer i vegetasjonsbildet i løpet av eldre steinalder, medførte også endringer i havnivået store forandringer i landskapet på kysten. I de indre delene av de store fjordene i Finnmark (Alta, Porsanger, Tana og Varanger) lå havet etter isavsmeltingen ca. 80 meter høyere enn sitt nåværende nivå. I begynnelsen av eldre steinalder gikk landhevningen svært raskt. Mellom 10 000 og 8000 BP steg landet i visse indre fjordstrøk med over 40 meter (Møller 1987), noe som må ha medført så store topografiske endringer at de var merkbare fra generasjon til generasjon.

På grunn av isavsmelting i polarbassenget skjedde det imidlertid en *havstigning* i perioden 6400–3800 f.Kr. med et maksimum (den såkalte tapestransgresjonen) rundt 4900 f.Kr. I noen områder (for eksempel Varanger) var landhevningen fremdeles så stor at havstigningen blir utjevnet og ikke resulterer i annet enn at strandlinjen blir liggende noenlunde i ro en lengre periode. I visse ytre kyststrøk av Vest-Finnmark (for eksempel Sørøya), der landhevningen var liten, får vi imidlertid en markert havstigning på 12–14 meter. Her oversvømmes mange boplasser fra første halvdel av eldre steinalder (Møller 1987). Under utgravningene på Slettnes på Sørøya sommeren 1991 ble det for første gang funnet en oversvømt (transgredert) lokalitet fra eldre steinalder i Finnmark. I strandgrusen under hustufter fra eldre metalltid ble det her funnet vannrullede artefakter av chert og finkornet kvartsitt, blant annet flekker, mikroflekker og en mikroflekkekjerne (figur 6), som trolig er fra boreal tid (9000–8000 BP) (Damm m.fl. 1993).

STEINRÅSTOFF

I sine arbeider vektla Nummedal hva han anså som overlevende paleolittiske trekk i det mesolittiske materialet fra Finnmark. Det forhold at han mente å kunne gjenfinne typologiske element både fra fransk mellom-paleolittikum (Mousterian) og fra sein-paleolittikum (Aurignacian og Magdalenian) (Nummedal 1926, 1929), fikk utvilsomt konsekvenser for hvordan materialet ble presentert. For, som Woodman har fremhevet,

> This desire to reinforce the Paleolithic character of the Komsa material, of course, led to a particular choice of artefacts for publication which helped create the impression of a macro-lithic industry based on the use of relatively coarse-grained raw materials (Woodman 1993:59).

Særlig var det store artefakter av grovkornet, rød kvartsitt som ble brukt som belegg for at man hadde et paleolittisk innslag (figur 7) (se også Bøe og Nummedal 1936,

Figur 7. Tangespisser av grovkornet kvartsitt fra Vedbotneidet, Nordkapp kommune (etter J. Bøe og A. Nummedal 1936).

Pl. LVI–LVIII; Nummedal 1930, Pl. XVI–XXII). Avslag og flekker av dette råstoffet forekommer på en del ytterkystlokaliteter, blant annet Smellror ved Vardø og Vedbotneidet, Repvåg i Porsanger. Enkelte seinere forskere har derfor hevdet at det grove, makrolittiske innslaget i «Komsa» skyldtes råstofftilgangen på enkelte lokaliteter, og at bedre råstoff (som chert og finkornet kvartsitt) har gitt finere, mer mikrolittisk preg på andre lokaliteter (Simonsen 1975:46–48). Imidlertid har nyere undersøkelser vist at råstoffet i langt mindre grad enn tidligere antatt har påvirket utformingen av artefaktene, og at både små og store artefakter (for eksempel flekker) er laget av så vel grovkornet som finkornet råstoff (Woodman 1993:61–62).

Råstoffbruken i eldre steinalder i Finnmark er preget av stor variasjon. De vanligste steinslagene som ble brukt, var kvartsitter (både fin- og grovkornede), ulike former for chert (hvit, grå, svart samt en grønnhvit variant som ofte er benevnt som «dolomitt»), bergkrystall og hvit kvarts. I tillegg finnes enkelte innslag av flint (Odner 1966, Simonsen 1975, Schanche 1988, Hood 1992, Woodman 1993). Mot slutten av eldre steinalder, da slipeteknikken begynner å vinne innpass, blir også mykere bergarter som skifer og grønnstein tatt i bruk.

I sitt arbeid fra Mortensnes i Varanger har Schanche påpekt en viss kronologisk variasjon i råstoffbruken. På de eldste mesolittiske lokalitetene synes bergkrystall og grønnhvit chert å være vanligere enn i materialet fra slutten av eldre steinalder, da blant annet hvit kvarts var hyppig i bruk (Schanche 1988:119–121). Ut fra materialets begrensede omfang kan denne observasjonen likevel ikke tillegges større vekt enn at den viser lokale kronologiske variasjoner i råstoffpreferanser og/eller tilgjengelighet.

Flere av råstoffene som var i bruk i eldre steinalder, for eksempel ulike typer av chert, forekommer bare i visse områder av fylket eller i utenforliggende områder. Det gjelder blant annet bergarter som Porsanger-chert og sørskandinavisk flint. Dette indikerer at det har foregått utveksling av råstoff mellom grupper i ulike områder, selv om enkelte steinslag kan transporteres naturlig i løsmasser langt fra sine opprinnelige kilder (Hood 1992).

Til sist en påminnelse: Med unntak av et par beingjenstander funnet i en seinmesolittisk mødding på Mortensnes kjenner vi utelukkende materiale av stein fra eldre steinalder i Finnmark. Dette er selvsagt ikke representativt for den materielle kultur som menneskene hadde utviklet. Det som var laget av tre, bark, skinn, lær, bein, sener osv., er ikke bevart, og vi sitter igjen med et lite representativt bilde av den materielle kulturen i eldre steinalder. Dette er kanskje en overflødig påminnelse, men vi har mange ganger lett for å glemme at det aldri har vært noen egentlig «stein»-alder.

Figur 8. Tangespisser av denne typen dateres til fase I av eldre steinalder i Finnmark.

KRONOLOGISK INNDELING AV ELDRE STEINALDER

Som nevnt har eldre forskning i liten grad forsøkt å fange opp kronologisk variasjon i materialet fra eldre steinalder i Finnmark. Det som har vært fremhevet, og som har fått støtte i nyere undersøkelser, er at det skjedde et skifte fra tangespisser (toeggede spisser med retusjert tange) i den tidligste fasen til tverrspisser (spisser med retusjert, tverrstilt egg) i den siste fasen (Odner 1966:100–107, Schanche 1988:108). Med utgangspunkt i nyere undersøkelser (Schanche 1988, Engelstad 1989 og særlig Woodman 1993) vil jeg foreslå en kronologisk trefasestruktur for Finnmarks eldre steinalder:

Fase I har som definerende typologiske element eneggede og toeggede tangespisser, skiveøkser samt et hyppig forekommende kutte-/skjæreredskap i form av avslag og flekker med retusjert rygg (figur 8–10). Skrapere er sjeldne, men forekommer av og til, oftest i form av flekker med konveks enderetusj. Stikler forekommer, men er ikke så vanlige som tidligere antatt. Steinteknologien domineres av store avslag, men (makro)flekketeknikken gjør seg også gjeldende (Woodman 1993, se også Odner 1966:106). Bipolare kjerner (figur 15) er relativt vanlige, og synes dermed å

Figur 9. Skiveøks fra fase I (etter J. Bøe og A. Nummedal 1936). Disse redskapene forekommer ikke så ofte, men er likevel viktig som markør for den eldste fasen av eldre steinalder.

Figur 10. Rygg-retusjerte avslag og flekker (sponkniver). Disse skjæreredskapene er svært vanlige på de eldste lokalitetene.

opptre tidligere i Finnmark enn på Vestlandet, der de assosieres med den såkalte mikroflekketradisjonen fra boreal og atlantisk tid (Bjerck 1986, Schanche 1988). På tross av en relativt høy frekvens av flekker er «klassiske» flekkekjerner sjeldne; faktisk er rundkjerner/knuter den langt vanligste kjernetypen på mange lokaliteter (figur 11). Muligens forekommer det en viss kronologisk variasjon mellom spissene i denne eldste fasen, idet eneggede tangespisser (spisser der ene eggen er retusjert) av «Fosna-type» opptrer på en del (eldre?) lokaliteter uten toeggede tangespisser av «Komsatypen» (Woodman 1993). En lokalitet med 13 eneggede tangespisser på Slettnes ble 14-C til 9610+/–80 BP.

Woodman (1993) har nylig foreslått å reservere betegnelsen «Komsa» for den eldste mesolittiske fasen i Finnmark. Han ser denne fasen som en relativt kortvarig periode som ikke omfatter stort mer enn preboreal tid (10 000–9000 BP). Jeg vil foreslå å bruke betegnelsen *fase I* for denne perioden, da jeg mener at en redefinering av «Komsa»-begrepet vil kunne øke forvirringen om termen. Typiske fase I- lokaliteter er Tollevik og Steinseng (Alta), Vedbotneidet (Porsanger), Smellror (ved Vardø), Ovenfor Grobakkeengen (Karlebotn) og Seilmerket (Kirkenes) (Nummedal 1929, Bøe og Nummedal 1936, Simonsen 1961, Odner

Figur 11. Rundkjerner eller såkalte «diskosformede knuter» er kanskje de vanligste kjernene fra tidlig eldre steinalder.

1966) (figur 5). Det er ikke funnet hustufter fra denne eldste fasen, men en teltring eller et steinfundament for vindskjul er gravd ut på Mortensnes i Varanger. På samme nivå på denne lokaliteten er det faktisk registrert hele 15 tilsvarende strukturer (Schanche 1988:70–72) (figur 19).

Fase II begynner tidlig i boreal tid (9000 BP). En viktig teknologisk endring i forhold til fase I er tilkomst av mikroflekker samt koniske og sylindriske (mikro)flekkekjerner (Woodman 1993:74) (figur 12 og 13). Flekketeknikken synes i det hele tatt å bli langt vanligere enn i fase I. Med unntak av en del mindre former, ser det ut til at bruken av de typiske tangespissene avtar markert. Mikroflekker innsatt som egger i harpunspisser av bein eller tre kan ha overtatt mye av funksjonen til de eldre spissene (Schanche 1988:153). På Slettnes på Sørøya og Mortensnes i Varanger, det vil si helt vest og helt øst i Finnmark, ble det funnet to hustufter med disse nye teknologiske elementene og fravær av tangespisser, datert til henholdsvis 8890+/–120 BP og 8500+/–120 BP (Damm m.fl. 1993:40, Schanche 1988). Mens det finnes få retusjerte artefakter i den eldste fasen, er det langt flere små avslagsskrapere og retusjerte flekker i fase II. Stikler er vanligere enn i fase I, især små stikler laget av flekkefragment (Woodman 1993:73–74) (figur 14).

Figur 12. Slike mikroflekker er karakteristisk for fase II av eldre steinalder.

Lokaliteten Sæleneshøgda, Karlebotn i Varanger, var tidligere definert som typisk for første fase av *yngre* steinalder (Simonsen 1961, 1979). Nå synes det klart at den er en typisk fase II-boplass (men den ligger muligens ovenpå en fase I-lokalitet, da det især i «avfallsdyngen» nedenfor tuftene også er funnet antatt eldre materiale i form av tangespisser [Simonsen 1961:37–40, Woodman 1993:70–7]). Tre klart markerte hustufter er funnet på denne lokaliteten, og tilkomst av hustufter er også et trekk som skiller fase II fra den eldste fasen (se figur 18). Det skal imidlertid bemerkes at tuftene på Sæleneshøgda kan være fra den seinere del av fase II. Tufter fra begynnelsen av fasen (9000–8500 BP), som de som er funnet på Slettnes og Mortensnes, er langt mindre nedgravd og uten steinsatt ildsted (Schanche 1988:72–74). Hustufter som tilsvarer dem på Sæleneshøgda, er undersøkt på en annen Karlebotn-lokalitet, Ståretnjunni, og er her datert til 7710+/–480 BP (Engelstad 1989).

Figur 13. Mikroflekkeblokker fra Sæleneshøgda.

Overgangen til *fase III* er problematisk å fastsette med større sikkerhet. Woodman, som selv har utskilt de to eldste fasene, og datert skillet mellom dem, antyder forekomsten av en tredje fase (1993:75). Imidlertid definerer han ikke innholdet i den eller daterer den nærmere. Likevel er materialet etter min oppfatning så pass entydig at vi klart ser konturene også av en tredje og siste fase av eldre steinalder i Finnmark.

Et viktig trekk ved den er at flekketeknologien har opphørt. Dermed opphører også flekkekjernene, og foruten bipolare kjerner (figur 15), som opptrer svært hyppig, er rundkjerner og uregelmessige kjerner de vanligste kjerneformene. Det synes også som kvarts utgjør en langt større andel av steinråstoffet i denne fasen enn i de to første, noe som kan ha sammenheng med endret steinteknologi.

På Slettnes ble en lokalitet med disse karakteristika datert til

Figur 14. Stikler er redskaper til å arbeide i bein og horn med. Slike redskaper blir vanlige i den andre fasen av eldre steinalder.

Figur 15. Bipolare kjerner er vanlige fra begynnelsen av eldre steinalder og helt frem til tidlig metalltid i Finnmark. De er formet ved at det er slått avslag fra to motstående sider. Kjernene får derfor et spissovalt tverrsnitt med knusespor langs støtkantene. (Etter J. Bøe og A. Nummedal 1936).

mellom 6200+/-100 BP og 6860+/-170 BP (Damm m.fl. 1993). Jeg tror imidlertid at begynnelsen av fase III må settes noe tidligere, omkring 7500/7000 BP. Typologisk er tilkomsten av tverrspisser et viktig element (Odner 1966:106), og lokaliteter med slike er funnet både ved kysten og i innlandet (Helskog 1978, Hood 1988a, Schanche 1988:108) (figur 16). Til forskjell fra de sørskandinaviske spissene er imidlertid disse tverrspissene fremstilt av avslag og ikke av flekker (Schanche 1988). I løpet av fase III begynner også slipte redskap, især økser, av skifer og grønnstein å gjøre seg gjeldende, selv om materialet fra Sæleneshøgda åpner muligheten for at dette elementet kommer inn allerede i løpet av periode II (Simonsen 1961).

Et nytt innslag i fase III med hensyn til datatilfanget er en mødding med bevart organisk materiale som er funnet på Mortensnes i Varanger (Schanche 1988:78–81). Møddingen, som er 14-C-datert til 5770+/-190 BP, viser en sterkt maritimt orientert ressursutnyttelse, dominert av sel, fisk og sjøfugl.

Fase III og avslutningen av eldre steinalder kan settes til ca. 4500 f.Kr. (5600 BP). Det gir oss følgende periodeinndeling for eldre steinalder i Finnmark: Fase 1 (10 000–9000 BP), fase II (9000–7500/7000 BP), fase III (7500/7000–5600 BP/ 6500–4500 f.Kr). Denne faseinndelingen er i grove trekk i overensstemmelse med

Figur 16. Spissene fra siste fase av eldre steinalder i Finnmark har rett eller skråstilt egg. Slike tverrspisser kan blant annet ha vært brukt til fuglejakt.

den kronologiske inndeling som Shumkin har for eldre steinalder på Kola (Shumkin 1990:7–8). Faseinndelingen er også i samsvar med den som er fremsatt for vestnorsk mesolittikum (Bjerck 1986), og med visse unntak, som tilstedeværelse av bipolare kjerner i fase I i Finnmark, er også steinteknologien i de to eldste fasene nær beslektet (Bjerck 1986 samt personlig kommentar). Materialet fra fase III i Finnmark avviker imidlertid klart fra den seine mikroflekketradisjonen som avslutter eldre steinalder i sør.

Uten at vi kan diskutere dette problemet i detalj her, må vi slå fast at det er belegg i det arkeologiske materialet for hypotesen om en forbindelse mellom etableringen av den eldste bosetningen i Vest-Norge og den i Finnmark (Odner 1966). Imidlertid er ikke dette det samme som å si at «Komsa-kulturen opprinnelig har oppstått som en spredning fra Fosna-området» (Odner 1966:132). Det arkeologiske materialet sier nemlig ikke i seg noe om hvilken retning en spredning eller bevegelse har hatt (se Olsen 1991). Faktisk ligger den eldste 14-C-daterte lokaliteten i Finnmark. Selv om de arkeologiske og geologiske data vi i dag har fra Nordvest-Russland gir lite grunnlag for å hevde at den eldste bosetningen i Nord-Norge har østlig opprinnelse (Shumkin 1990), må vi fortsatt holde muligheten åpen. Datamaterialet fra store deler av Nordvest-Russland er fragmentarisk og lite, og vi kan ikke se bort fra at nye undersøkelser her vil kunne kaste nytt lys over dette problemet.

Uansett vitner det arkeologiske materialet om en temmelig ensartet teknologisk utvikling i Vest-Norge og i Finnmark i preboreal og boreal tid. Differensieringen i atlantisk tid kan plausibelt tolkes som å være resultat av utvikling av egne regionale tradisjoner.

BOSETNINGSMØNSTER

Knut Odner var den første som fremsatte en modell for bosetningsmønsteret i eldre steinalder i Finnmark (Odner 1964). På grunnlag av arkeologisk materiale fra Varanger postulerte han tilstedeværelsen av relativt mobile samfunn som flyttet mellom fjordbotn (vinter) og ytterkyst (sommer). Boplassene i det indre fjordområdet var større enn de som fantes lenger ute på kysten, og Odner tolket dette som uttrykk for en differensiering mellom hovedboplass og sesongvise fangststasjoner. Dette var i prinsippet likt flyttemønsteret for den sjøsamiske befolkningen i Varanger på 1700-tallet (Kolsrud 1961).

Det ble seinere utført en statistisk analyse av inventaret på lokalitetene fra indre og ytre Varangerfjord. Den bekreftet imidlertid ikke den funksjonelle differensiering som man kunne forvente i det arkeologiske materialet dersom en gruppe flyttet mellom ulike aktivitetsområder (Bølviken m.fl. 1982:48–51). Lokaliseringen av boplassene synes heller ikke å være forskjellig i indre og ytre kyststrøk. Problemet med den statistiske analysen, og tilsvarende innvending kan reises mot Odners modell, er at den ignorerer kronologiske forskjeller i materialet fra eldre steinalder. For eksempel blir «spisser» behandlet som en kategori, uten at det blir differensiert mellom tangespisser og tverrspisser. Dermed blir det vanskelig, for ikke å si umulig, å fange opp de endringer som eventuelt har funnet sted i løpet av disse 5000 årene.

I et seinere arbeid hevder Engelstad (1989:335–336) at bosetningsmønsteret i eldre steinalder har vært langt mer sedentært, med færre og kortere flyttinger, enn hva Odner foreslo. Til støtte for dette anfører hun at man nå også kjenner hustufter fra eldre steinalder, og ifølge henne peker dette i retning av større likhet med yngre steinalders bosetningsmønster enn tidligere antatt (Renouf 1981,1989; E. Helskog 1983).

En av svakhetene ved eksisterende modeller for bosetningsmønsteret i eldre steinalder er, som allerede nevnt, at de i liten grad tar hensyn til variasjon over tid (Schanche 1988). Eldre steinalder varte tross alt i minst 5000 år, og det er urimelig å anta at samfunnenes bosetningsmønster ikke har endret seg i løpet av denne tida. Vi må regne med at de sosiale og territorielle forhold mellom de ulike fangstsamfunnene gjennomgikk betydelige forandringer fra de første gruppene tok i bruk et nytt og ukjent landskap og frem til slutten på eldre steinalder. Som vist ovenfor skjedde det også store endringer i vegetasjon og havnivå i denne perioden, og vi må anta at dette har påvirket økonomiske aktiviteter i betydelig grad.

Med basis i sine undersøkelser på Mortensnes i Varanger har Schanche (1988:164) postulert en gradvis endring mot større permanens i flyttemønster i løpet av eldre steinalder. Mens lokaliseringen av sesongboplasser varierte fra år til år i den eldste fasen, endret dette seg i løpet av boreal og atlantisk tid. Fangstsamfunnene begynte etter hvert å flytte mellom de samme boplassene til bestemte tider av året. På boplassene hadde man stående permanente boliger. Sammen med et fastlagt flyttemønster kan de ha skapt økt tilhørighet til et område, og husene kan etter hvert ha spilt rollen som territorielle markører (også utenfor bruksperioden) (Schanche 1988:184). Jeg vil ta utgangspunkt i denne modellen når jeg i det følgende skal skissere hvordan bosetningen kan ha endret seg i løpet av eldre steinalder.

I fase I av eldre steinalder (10 000–9000 BP) er størstedelen av innlandet i Finnmark ennå dekket av is, og vi kjenner følgelig bare kystlokaliteter fra denne fasen. I kystområdene finnes lokalitetene imidlertid så vel på ytterkysten som i indre fjord-

Figur 17. Slike skinntelt kan ha vært i bruk langs Finnmarkskysten for 9000–10 000 år siden. Dette bildet, tatt i 1916, er fra en kopper-inuitisk sommerboplass i Nordøst-Canada. (Etter D. Damas 1984).

strøk. Et særtrekk ved lokaliseringen av disse åpne boplassene er at de ofte ligger svært værutsatt til på smale eid eller nes, eller på små øyer, hvor man har tilgang til havet fra flere sider (Schanche 1988:126–127). De fleste lokalitetene er åpne boplasser uten synlige strukturer. Bare unntaksvis, som på Mortensnes (Schanche 1988:57, 70–72), er det funnet teltringer eller fundament for vindskjul. Dette tyder på at man ikke har reist boliger som var ment å vare utover det aktuelle oppholdet, men at man benyttet seg av skinntelt som enkelt kunne tas ned og fraktes med (figur 17). Bosetningsmønsteret må følgelig antas å ha vært preget av relativ høy mobilitet i denne eldste fasen.

Woodman (1993) har hevdet at det er en betydelig forskjell i inventaret mellom lokalitetene i indre fjordstrøk og dem på ytterkysten i den eldste fasen. Ifølge ham forekommer små tangespisser så å si ikke på de ytre lokalitetene, og skrapere er likeledes svært sjeldne her. På den andre siden er skiveøkser og store tangespisser (og generelt «større» artefakter) langt vanligere her enn på lokalitetene i indre fjordstrøk (Woodman 1993:67, se Bøe og Nummedal 1936). I preboreal tid var de ytre kystområdene fremdeles treløse, mens bjørkeskogen raskt koloniserte fjordområdene. Det kan ha gitt store forskjeller i ressursbildet mellom kyst og innland. En mulig tolkning av dette er at inventaret på de ytre lokalitetene (blant annet de store spissene) er orientert mot maritim fangst (skiveøksa kan ha fungert som slakte- eller flenseredskap), mens terrestriske ressurser har vært viktigere for lokalitetene i de indre fjordstrøk. Det er usikkert om dette representerer to former for økonomisk tilpasning, eller om det viser til ulike sesongvise aktiviteter utført av de samme grupper. Det siste åpner muligheten for at Odners klassiske modell fremdeles kan ha relevans for den eldste fasen av eldre steinalder i Finnmark. Det må imidlertid innskytes at materialet fra de preboreale lokalitetene på Slettnes, hvor det er ikke er funnet sikre skiveøkser, men mange tangespisser, nyanserer dette antatte skarpe skillet mellom ytterkyst og indre fjordstrøk. Uansett synes det klart at bosetningsmønsteret i denne fasen er preget av høy mobilitet med sesongvise flyttinger i kystsonen.

I fase II (9000–7500/7000 BP) er bosetningen i Finnmark fortsatt konsentrert til kystsonen. Vi må nok likevel regne med en viss sesongvis utnyttelse også av innlandet, slik enkelte funn fra øvre Pasvik og Virdnejávri kan tyde på (Simonsen 1963, 1986). En markert endring i forhold til fase I er tilkomst av hustufter. De eldste tuftene er vage og uten klart markerte voller, og kan ha vært teltfundament. I siste del av fase II vitner imidlertid tuftene om torvhus (figur 18). Dette kan tyde på økende grad av bofasthet og/eller fastere strukturering av flyttemønsteret, der man i større grad enn tidligere har vendt tilbake til de samme stedene år etter år. Funnfordelingen i husene viser som regel en klar konsentrasjon inn mot sentrum. En slik lite differensiert fordeling kan skyldes at den aktivitet som har funnet sted i huset, har vært forholdsvis begrenset og situasjonsbetinget, noe som taler imot at husene skulle representere en helårig bosetning (Schanche 1988:149).

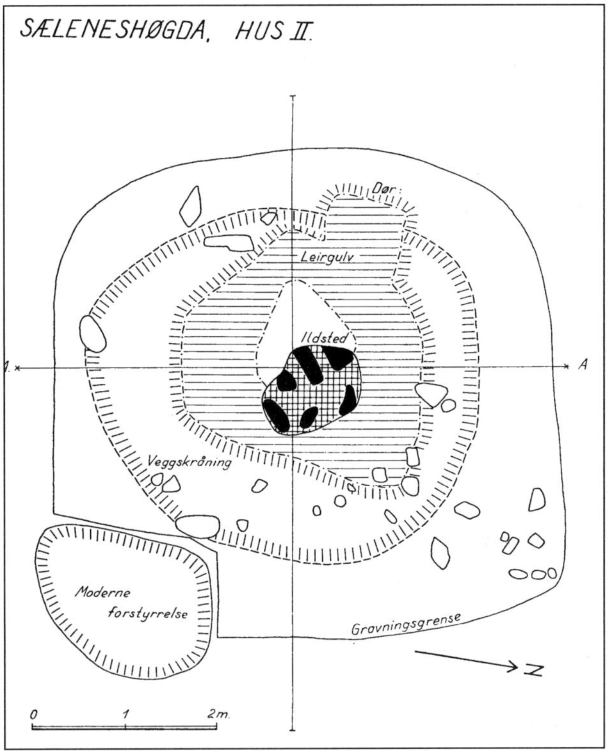

Figur 18. Plantegning av utgravd hustuft fra fase II, Sæleneshøgda (etter P. Simonsen 1961).

Bortfallet av skiveøkser og store tangespisser kunne tyde på at den maritime spesialiseringen på ytterkysten avtar. Det økende vegetasjonsdekket, med blandingsskog (bjørk og furu) utover i fjordene, utjevner en del av forskjellene mellom ytterkyst og indre fjordstrøk. Flere biotoper kan nå utnyttes uten svært lange vandringer, og dette kan ha resultert i en mer variert ressursutnyttelse både i indre og ytre kyststrøk. Nedgangen i antall tangespisser i materialet fra fase II er vanskelig å forklare. De økologiske betingelsene for storvilt som elg og rein var gode, og vi skulle derfor heller ventet en økning i antall spisser. Tilkomsten av mikroflekker, som på enkelte lokaliteter (for eksempel Sæleneshøgda) opptrer i betydelige mengder (Simonsen 1961), kan muligens forklare dette paradokset. Beinspisser med innsatte mikroflekkeegger, eventuelt reine beinpiler, kan ha overtatt den funksjonen som tangespissene hadde tidligere. Opphøret i bruken av tangespisser og skiveøkser inntreffer imidlertid ved overgangen til boreal tid også langs vestkysten av Norge (Bjerck, personlig kommentar), og man skal derfor være forsiktig med å knytte dette fenomenet utelukkende til lokale økonomiske endringer.

Fase III medfører en ny differensiering av bosetningen idet innlandet nå for alvor tas i bruk. Selv om det er rimelig å anta at bruken nok tok til allerede i forrige fase, slik enkelte funn blant annet fra øvre Pasvik og Virdnejávri tyder på, er det først i denne fasen vi har arkeologiske belegg for mer omfattende bosetning i innlandet. Etter min oppfatning dreier det seg ikke bare om sesongvise opphold, men om samfunn som på tilnærmet helårig basis opererer i innlandet. Et viktig argument for det er at sju av de åtte kjente mesolittiske lokalitetene på Finnmarksvidda ligger langt inn i landet (dette gjelder også for Devdis-boplassen i indre Troms). En av lokalitetene, Aksojávri i Kautokeino kommune (Hood 1988a), ligger mer enn 120 km i luftlinje fra bunnen av Altafjorden (figur 5), og det virker ikke rimelig at den har inngått i et flyttemønster med hovedområde ved kysten. Antagelsen om en slik innlandsbosetning styrkes ytterligere ved at det i Enontekiö kommune på finsk side av grensen (ca. 60 km sør for Aksojávri) er funnet flere lokaliteter fra sein eldre steinalder. Enkelte av dem har også vært brukt i siste del av fase II (P. Halinen, personlig kommentar).

Dersom de lokalitetene vi kjenner til nå, er representative for når en innlandsbosetning etableres, så er det et kronologisk sammenfall mellom denne ekspansjonen og furuskogens erobring av Finnmarksvidda. Furuskogen, med en viss iblanding av bjørk, kan ha skapt gunstige biotoper for blant annet elg og bever, og økt innlandets ressurspotensial. Sett fra en økologisk synsvinkel kan derfor bosetningen i innlandet være utløst av bedrede produksjonsbetingelser her i fase III. Denne bosetningen hadde ikke nødvendigvis sitt opphav på kysten. Det forhold at vi på finsk side har belegg for bosetning i innlandet i siste del av fase II, åpner muligheten for at Finnmarksvidda ble bosatt av grupper fra det finske innlandet. En indikasjon på at Finnmarksvidda faktisk ble bosatt på dette vis, er kontrastene i bruken av steinråstoff mellom kyst og innland. Virdnejávri 113, som er den eldste undersøkte lokalitet på Finnmarksvidda (overgangen fra fase II til fase III?), har et steininventar som nesten utelukkende består av hvit kvarts (P. Halinen, personlig kommentar). Dette står i skarp kontrast til den differensierte råstoffbruken på kysten, men samsvarer godt med det bildet vi kjenner fra nordfinsk mesolittikum. Mye tyder på at denne finsk-mesolittiske bosetningen lå innenfor, eller på grensen av, et furuskogbelte som i fase II ennå ikke strakte seg inn på Finnmarksvidda (Hyvärinen 1985, P. Halinen, personlig kommentar). Når så skoggrensen i det nordfinske innlandet rykket mot nord, kan dette ha medvirket til at fangstsamfunn herfra tok Finnmarksvidda i bruk.

Vi skal likevel være forsiktig med å knytte en funksjonell forbindelse til et tilsynelatende kronologisk sammenfall mellom bosetningsekspansjonen og endringen i vegetasjonsbildet. Sosiale forhold i de etablerte samfunnene kan ha bidratt til at grupper bryter ut og etablerer nye territorier på Finnmarksvidda. I denne forbindelse kan endrede økologiske betingelser muligens ha «hjulpet» en slik nyetablering, men de kan ikke sies å være årsaken til denne etableringen.

De få boplassene vi kjenner fra det indre av Finnmark (og Troms), synes alle å være knyttet til sentrale vassdrag og innsjøer. Flertallet ligger i tilknytning til Alta-Kautokeino-vassdraget og Jiesjávri, Finnmarks største innsjø. Det materialet vi i dag rår over, er selvsagt altfor spinkelt til at vi kan si noe bestemt om flyttemønsteret i innlandet. Imidlertid motsier det ikke en hypotese om samfunn med relativt høy mobilitet, og med territorier strukturert omkring sentrale vassdrag og tilliggende innsjøer på Finnmarksvidda og i finsk Lappland.

For bosetningen langs kysten av Finnmark i siste fase av eldre steinalder ville det være rimelig å foreslå en fortsettelse av den tendens vi så i fase II, nemlig økende grad av bofasthet med færre og kortere flyttinger. De økologiske betingelsene, med relativt mye skog i kystsonen, gjorde at man kunne utnytte så vel terrestriske som maritime ressurser uten lange flyttinger. På Mortensnes er tuftene fra slutten av eldre steinalder større og klarere markert enn tuftene fra begynnelsen av fase II. Det kan tas til inntekt for en slik hypotese om økende sedentaritet (Schanche 1988:57–60).

Likevel er ikke dette bildet entydig. Tuftene på Sæleneshøgda (fase II) er av samme størrelse og like nedgravd som de vi kjenner fra fase III på Mortensnes. Med unntak av de vage husstrukturene vi kjenner fra eldste del av fase II (før 8000 BP), ser det ikke ut til å være store forskjeller i størrelse og konstruksjon mellom husene fra fase II og dem fra fase III. I visse områder synes faktisk husstrukturer å være vanligere i fase II enn i fase III, men dette kan riktignok skyldes endret bruk av et område og ikke nødvendigvis økende mobilitet. I det hele tatt skal vi nok, som Hood (1992:44) har bemerket, være forsiktig med å legge for stor vekt på husstrukturenes forekomst, form og størrelse i våre antagelser om bosetningsmønsteret. Når det dreier seg om relativt enkle konstruksjoner, som vi her har å gjøre med, sier hustuftene i seg selv lite om graden av bofasthet, eller om hvilken sesong de var bebodd i.

Mer hjelp har vi i det osteologiske materialet fra den møddingen som ble utgravd på Mortensnes (Schanche 1988). Fordi det i et subarktisk område som Finnmark er store sesongvise svingninger i faunaens sammensetning og mengde, kan fordelingen av arter i forhistoriske møddinger gi en pekepinn om når på året ressursutnyttelsen har funnet sted. Selvsagt er det heftet en lang rekke usikkerhetsfaktorer ved dette, blant annet materialets representativitet (Binford 1981, Jørgensen 1984), men brukt med forsiktighet er slikt materiale et nyttig hjelpemiddel i analyser av sesongbosetning i forhistoria. I materialet fra møddingen på Mortensnes er det en klar dominans av maritim fauna. Terrestriske arter er nesten ikke representert, blant annet mangler rein helt (Schanche 1988:81). Artsfordelingen av fisk, fugl og sel peker i retning av en sesongvis utnyttelse avgrenset til vår eller tidlig sommer (Schanche 1988:158–159). Ettersom møddingen er 14-C-datert til slutten av eldre steinalder, 5770+/-190 BP, kalibrert 4403–4896 f.Kr., tyder det osteologiske materialet på at vi heller ikke på kysten av Finnmark får etablert en sedentær bosetning i eldre steinalder. I stedet er det grunn til å anta fortsatt mobilitet, hvor grupper flytter mellom to eller flere faste sesongplasser og i tillegg bruker bistasjoner til spesielle økonomiske, sosiale og religiøse formål.

Ved overgangen til yngre steinalder er både kyst- og innlandsområdene i Finnmark bosatt. Selv om befolkningstettheten trolig har vært svært lav, kan territoriene til de ulike gruppene ha opptatt hele det tilgjengelige geografiske området. I så fall kunne problem knyttet til en eventuell befolkningsvekst eller interne stridigheter ikke løses gjennom ekspansjon til folketomme områder, men de måtte håndteres internt eller mellom gruppene ved hjelp av sosiale virkemidler.

SOSIALE FORHOLD

Et av de spørsmål som melder seg når man studerer de eldste samfunn i Finnmark, er hvilken sosial form den første bosetningen hadde. Kysten av Nord-Norge fra Helgeland til Varanger ser ut til å ha blitt tatt i bruk omtrent samtidig i tidlig preboreal tid (Sandmo 1986, Schanche 1988, Bjerck 1990, 1991; Woodman u.å., Hauglid 1993). Dersom Finnmark ble befolket vestfra (Odner 1966), synes det derfor ikke å være som resultat av at grupper brøt ut fra allerede konsoliderte samfunn langs kysten av Nordland og Troms. Jeg tenker meg i stedet et scenario der grupper på noen få kjernefamilier med velutviklet teknologi for maritim fangst og fiske i løpet av noen generasjoner bosetter seg langs kysten av Nord-Norge. Da disse gruppene nådde Finnmark omkring 10 000 BP, tok det ennå noen generasjoner før samfunnene fikk etablert en fastere områdetilknytning og tettere sosiale nettverk.

De klare forskjellene vi finner mellom det arkeologiske materialet fra ytterkysten og det fra indre fjordstrøk i fase I (Woodman 1993:67), åpner for muligheten av at det i preboreal tid ble etablert et sosioøkonomisk skille mellom maritimt orienterte samfunn på ytterkysten og samfunn i indre fjordstrøk som la større vekt på terrestriske ressurser. Dersom dette var tilfellet, kan man også tenke seg at distinksjoner i råstoff og redskapsformer etter hvert fikk en viss symbolsk betydning som markører for tilhørighet i de respektive områder og samfunn. Vi må imidlertid balansere denne hypotesen mot muligheten for at forskjellene i det arkeologiske materialet skyldes teknologisk differensiering innenfor en gruppe som både benytter fjordområdene og ytterkysten. Dessuten må vi ta et forbehold om det foreliggende materialets representativitet; som tidligere nevnt synes de preboreale funnene fra Slettnes å nedtone det antatt skarpe skillet mellom ytre og indre strøk.

Med en del unntak, som Mortensnes, kjenner vi bare åpne boplasser fra den eldste fase av eldre steinalder i Finnmark. Lokaliteten R9 på Mortensnes er imidlertid interessant fordi den omfatter hele 16 strukturer (figur 19), som trolig er spor etter teltkonstruksjoner (Schanche 1988:57). Ut fra strandlinjediagrammet for området ligger boplassen seint i fase I, men det arkeologiske materialet fra den utgravde strukturen, blant annet toeggede tangespisser og få flekker, bekrefter en datering til preboreal tid (Schanche 1988:57, 72). Den raske forskyvningen av strandlinjen i denne perioden gjør det sannsynlig at flere av teltstrukturene har vært bebodd samtidig, noe den lineære organiseringen av sju strukturer også tyder på (Schanche 1988:58, 128). Vi kan derfor ha å gjøre med en boplass der flere familier har vært samlet ei bestemt tid av året for å utføre felles handlinger av sosial, religiøs og/eller

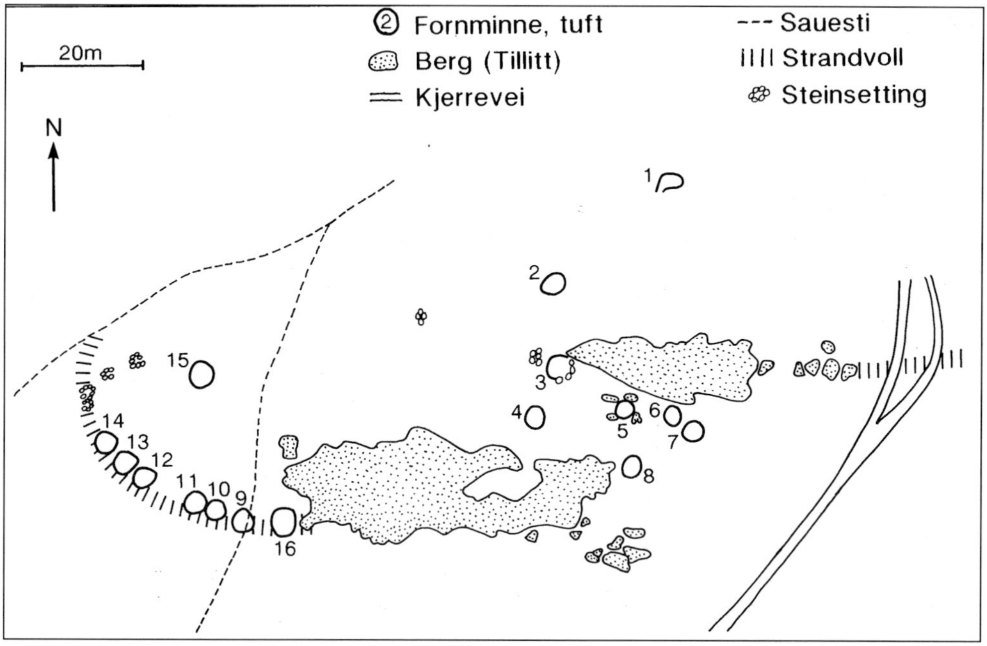

Figur 19. På Mortensnes er det registrert 16 tufter (trolig teltringer) fra fase I av eldre steinalder (etter K. Schanche 1988).

økonomisk art. At vi mot slutten av fase I får belegg for slike større boplasser vitner om mer konsoliderte samfunn med sterkere gruppesamhørighet enn hva som var tilfellet i koloniseringsfasen.

Boligstrukturene, fra de eldste telttuftene til torvhusene i fase II og III, er gjennomgående svært små, rundt 10–15 m^2. Selv om kulturelle verdier kan gjøre at forholdet mellom boligareal og antall beboere varierer, er det selvsagt begrenset hvor mange som kan bo på så små flater. Det virker derfor urimelig at de skal ha vært bebodd av hushold utover kjernefamilien, som dermed synes å ha utgjort den grunnleggende husholdsenheten gjennom hele eldre steinalder.

I løpet av fase II får vi de første permanent konstruerte boliger i form av torvhus (se figur 18). Dette kan være et resultat av redusert mobilitet med fastere flyttesykluser hvor man vender tilbake til de samme sesongbostedene år etter år. Samtidig kan reisingen av permanent stående torvhus på boplassene i seg selv ha bidratt til å forsterke tendensen i retning av mer faste flyttesykluser og klarere territoriegrenser. Slike boliger representerer nemlig en form for «investeringer» som kan ha knyttet grupper tettere til bestemte områder. Som Schanche (1988:184) har fremholdt, kan husene dessuten ha fungert som markører for en gruppes rett til området også utenfor den sesongen da de var bebodd (se også Storli 1991:120–128).

Det er lite i det arkeologiske materialet fra eldre steinalder som kan tas til inntekt for en hypotese om intern sosial differensiering i samfunnene. Både teltstrukturer og hustufter er jevnt over like store og har samme form. Selv om det siste selvsagt kunne sees som en ideologisk maskering av reelle statusforskjeller (Hodder 1982, 1986), er det lite i det arkeologiske materialet som taler for en slik hypotese.

Bare på Sæleneshøgda er det foretatt utgravninger av et slikt omfang at vi kan sammenligne inventaret fra flere hus som er i hvert fall tilnærmet samtidige (Simonsen 1961:27–42). Funnene fra tre hus viser liten forskjell med hensyn til både råstoffvalg og redskapsformer, og gir lite grunnlag for å anta at det har vært en sosial eller økonomisk differensiering mellom husholdene. I ett av husene (hus III) ble det riktignok funnet to fragment av slipte skiferøkser som i hele utgaver kunne ha vært statussymboler og dermed kunne vitnet om høyere status for medlemmer i ett av husholdene. På tross av at slipte økser utvilsomt var sjeldne på dette tidspunkt (faktisk så sjeldne at man må vurdere innblanding av yngre materiale), er det usikkert om de var assosiert med prestisje. Det faktum at øksene faktisk var ødelagte, og at den eneste hele skiferøksa som ble funnet, lå i en felles avfallsdynge foran husene (figur 20), åpner for muligheten av at øksene ikke inngikk i personlig statustilskrivelse, men var underlagt egalitær sosial kontroll. Gjennom å deponere øksa på en felles avfallsdynge kan man ha fjernet den fra en sosial sfære der den utgjorde en trussel mot reproduksjonen av egalitære verdier i samfunnet.

Frem til begynnelsen av fase III synes det som det bare har foregått sporadisk utnyttelse av innlandet i Finnmark. Uten at vi har konkrete belegg for det, kan vi anta at enkelte kystgrupper i løpet av fase II innledet en gradvis økende sesongutnyttelse av innlandet. Uansett var innlandet ikke bebodd av grupper med permanent tilhørighet her og med tilhørende territorielle rettigheter som ekskluderte

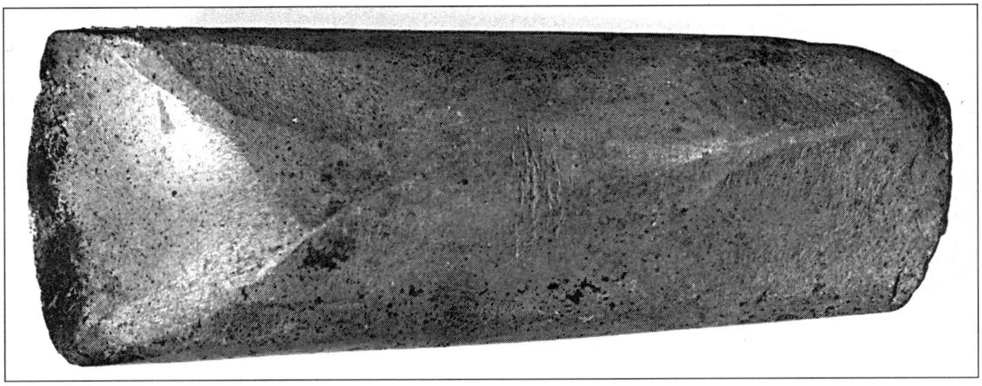

Figur 20. Slipt øks av grønn skifer funnet i «avfallsdynga» foran tuftene på Sæleneshøgda. Fragmenter av to andre slike økser ble funnet inne i et av husene.

kystsamfunnene. Innlandet var en slags «allmenning» som fritt kunne benyttes av kystgruppene. I løpet av fase III endrer denne situasjonen seg idet vi får grupper som enten fra Finland eller fra Finnmarkskysten etablerer seg permanent eller semipermanent i innlandet. Bakgrunnen kan være økologiske forhold, slik det ble antydet over, men etableringen kan også være forårsaket av konflikter, for eksempel i kystsamfunnene. Redusert mobilitet på kysten kan ha medført en viss befolkningsøkning, blant annet fordi minsket fysisk belastning trolig vil ha redusert antallet naturlige aborter og barnedødelighet (Harris 1977). Befolkningsøkning, kombinert med tettere sosial interaksjon som følge av lengre opphold på boplassene, kan ha resultert i flere konflikter og «sosialt stress» i kystsamfunnene (Johnson 1982). Utkommet av dette kan ha vært sosial fragmentering, der utbrytergrupper etablerte seg gradvis mer permanent i innlandet.

Uansett årsaker bidrar helårig bosetning i innlandet til at området ikke lenger er fritt land som uten videre kan benyttes av kystgruppene. Det kan ha medført behov for å institusjonalisere samhandlingen mellom kyst- og innlandsgrupper som kunne sikre gjensidig tilgang til de respektive territorier og ressurser. Ikke minst gjelder dette dersom de gruppene som etablerte seg i innlandet, ikke hadde sitt opphav på kysten, og dermed manglet sosiale bånd til kystsamfunnene.

Selv om det reiser flere problem, ikke minst med hensyn til kronologi, kan de eldste *helleristningene* i Finnmark tolkes som et uttrykk for at det var behov for å institusjonalisere relasjoner mellom kyst- og innlandsgrupper i siste fase av eldre steinalder. Det er i denne sammenheng interessant at de store helleristningsfeltene i Alta nettopp ligger i en overgangssone mellom kyst og innland, et område som verken er helt kyst eller helt innland. Som flere har hevdet (blant annet Hood 1988, Andreassen 1989, Hesjedal 1991, Tilley 1991), kan en slik lokalisering av store ristningsfelt i Nord-Skandinavia nettopp ha vært bestemt av den rolle helleristningene spilte i de sosiale relasjonene mellom kyst og innland. Ristningene kan vitne om et rituelt og ideologisk møtested for kyst- og innlandsgrupper, noe motivene også kan være et uttrykk for. På en lang rekke scener fra de to eldste ristningsfasene i Alta forekommer det overristninger eller kombinasjoner av maritime element (for eksempel båter, kveite) og terrestriske element (elg, rein, bjørn). Et vanlig eksempel på dette er båter med elghoder (Helskog 1988). Dersom vi ser disse elementene som metaforer, eller totemer (Levi-Strauss 1966), for henholdsvis kyst- og innlandsgruppene, kan deres forening på helleristningene tolkes som en ideologisk representasjon av ideelle og ønskede konstellasjoner. Gjennom helleristningene (og tilknyttede ritualer) forsøker man å overkomme sosial og geografisk distanse mellom gruppene, og å uttrykke gjensidig solidaritet og avhengighet mellom kyst og innland (Hood 1988b).

Hvordan stemmer så dette med den kronologien som er etablert for ristningene i Alta? Ut fra det rekonstruerte forløpet for strandforskyvningen daterer K. Helskog

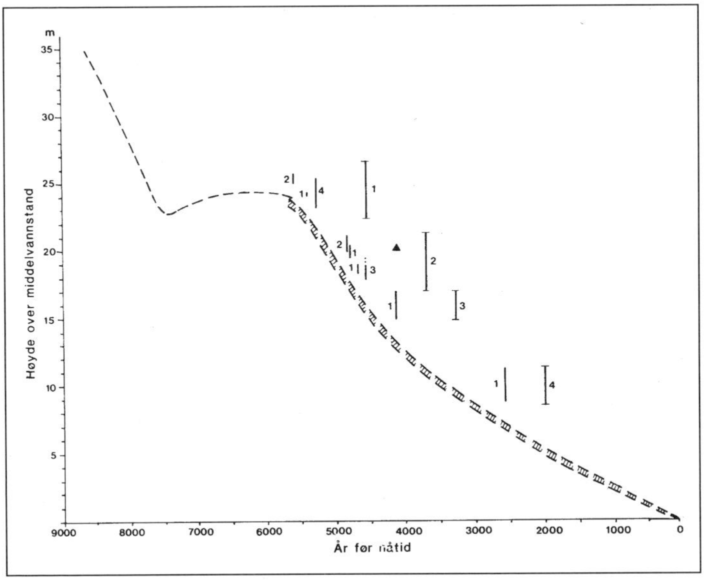

Figur 21. Diagram over strandforskyvningen i Alta etter siste istid (etter K. Helskog 1988). Som man ser er det liten bevegelse i strandlinjen mellom 7500 og 5500 BP. Strekene nærmest kurven angir antall ristningsfelt på dette høydenivået, mens strekene utenfor angir høyden på ristningene innenfor de fire fasene.

(1983, 1988) de eldste ristningene til ca. 4200 f.Kr., det vil si til begynnelsen av yngre steinalder. Herfra regner han med et kontinuerlig ristningsforløp frem til ca. 500 f.Kr., fordelt på fire faser som grovt sett samsvarer med hans periodeinndeling for yngre steinalder (Helskog 1980). Imidlertid kan det argumenteres for at de eldste ristningene i Alta er eldre og heller bør dateres til fase III av eldre steinalder, eventuelt at de feltene som er tilskrevet den eldste fasen, er laget til ulike tider innenfor et tidsrom som både omfatter siste del av eldre steinalder og første del av yngre steinalder. Forholdet mellom landhevning og havstigning i perioden 6400–3800 f.Kr. gjør at det er problematisk å bruke strandlinjedateringer innenfor denne fasen. I bunnen av Altafjorden resulterer havstigningen ikke i noen transgresjon, men strandlinjen blir liggende omtrent på samme nivå i nærmere 2500 år (Møller 1987) (figur 21). Ut fra strandforskyvningen kan derfor de eldste ristningene være inntil 2000 år eldre enn hva Helskog antar.

Helskogs datering av helleristningene i Alta synes motivert ut fra et ønske om at den skal stemme overens med kronologien for yngre steinalder (Helskog 1980), samt av en implisitt forutsetning om kontinuitet i ristningsforløpet (se Hood 1986:74). Noen kontinuitet behøver imidlertid ikke foreligge, som Hesjedal har vist i sin studie av helleristningene i Nordland og Troms (Hesjedal 1991). Han hevder her at ristningene ble laget bare i visse perioder, med tusenårige opphør mellom hver produksjonsfase. Et sentralt poeng for Hesjedal er at ristningene ble produsert i overgangsperioder, i faser da sosiale og økonomiske strukturer ble endret, og da ristningene inngikk som et ideologisk middel til å legitimere nye sosiale relasjoner. Man hogde så å si de nye strukturene i stein. Effekten av disse symbolene kan ha vært å fungere som permanente og konkrete påminnelser om hvordan mennesker og samfunn bør forholde seg til hverandre: «Relasjonene forsøkes legitimert og fiksert gjennom en *over-koding* av budskapet» (Hesjedal 1991:218). Overfører vi dette resonnementet til Alta-ristningene og forholdene i Finnmark, kan det styrke hypotesen om at de eldste ristningene skriver seg fra siste fase av eldre steinalder. Det er nemlig da vi får en ny sosial og territoriell situasjon med grupper som etablerer seg i innlandet.

Noe som ytterligere kan styrke denne hypotesen, er fire helleristningssteiner som ble funnet under de arkeologiske utgravningene på Slettnes på Sørøya (Hesjedal 1993). Steinene lå inne på et boplassområde fra begynnelsen av yngre steinalder, men i hvert fall to av steinene må være langt eldre enn hustuftene. De var nemlig helt overleiret av strandgrus, som trolig er lagt opp i forbindelse med avslutningen av havstigningen i atlantisk tid, den såkalte tapes maksimum (ca. 5000 f.Kr.). Motiv og stiluttrykk på disse transgrederte steinene er lik det en finner i den eldste fasen i Alta, og det er interessant – med tanke på argumentasjonen over – at de med unntak av båter (– men med elghode), utelukkende avbilder terrestrisk fauna: rein, bjørn og elg (figur 22). Det at man på ei øy ute på kysten ikke avbilder maritim fauna fra sitt nærmiljø, men kun landdyr, kan tas til inntekt for det synspunktet at disse helleristninge-

Figur 22. Helleristninger fra Slettnes. Figurene sitter på en steinblokk som var helt dekket med strandgrus.

ne var symbolske uttrykk for et ønske om å overkomme sosial (og geografisk) distanse til innlandsgruppene, uttrykke samhold med dem samt få adgang til deres ressurser.

OPPSUMMERING

Gjennom store deler av eldre steinalder synes de sosiale forholdene internt i samfunnene i Finnmark å være preget av egalitet og autonomi både for det enkelte hushold og mellom husholdene. På tross av relativt spesialisert teknologi, som inkluderer båter og etter hvert torvhus og redskap til blant annet dypvannsfiske (bein av dypvannsfisker er representert i materialet fra møddingen på Mortensnes), og på tross av at samfunnene etter hvert synes å bli mindre mobile, er det lite som tyder på intern sosial og økonomisk differensiering. Relasjonene *mellom* samfunnene kan imidlertid ha endret seg noe i løpet av siste fase av eldre steinalder – som følge av at grupper etablerer seg i innlandet. I større grad enn tidligere må sosiale nettverk bekreftes, og det må forhandles om adgang til ressursområder, noe tilkomsten av helleristninger kan være et uttrykk for.

YNGRE STEINALDER (4500–1800 F.KR.)

Yngre steinalder i Finnmark medfører en rekke endringer i forhold til den forutgående perioden. Steinteknologien endres, blant annet blir slipeteknikken utbredt, og slipte skiferredskap blir etter hvert de vanligste steinredskap. I visse områder kommer keramikk i bruk, vi får flere og større huskonstruksjoner, og det finnes generelt et bedre og mer variert kildetilfang enn det vi har fra eldre steinalder. Det siste skyldes for en del bedre bevaringsforhold for organisk materiale, og at både beingjenstander og osteologisk materiale er bevart i langt større grad. Det er imidlertid også et resultat av at det er utført langt flere, større og bedre undersøkelser av lokaliteter fra yngre steinalder i Finnmark enn hva tilfellet er for eldre steinalder. Selv om det er en klar geografisk skjevhet i datatilfanget, der spesielt Finnmarksvidda er kraftig underrepresentert, har den betydelige forskningsinnsatsen bidratt til at vi har fått et godt kronologisk rammeverk og omfattende informasjon om de endringer som skjer i materiell kultur.

NATURFORHOLD I YNGRE STEINALDER I FINNMARK

Den relativt varme perioden i boreal og atlantisk tid opphører ved overgangen til subboreal tid, ca. 4000/3800 f.Kr. Klimaet blir nå kjøligere, og som følge av dette begynner en gradvis avskoging av kystområdene. Avskogingen går imidlertid langsomt, og ennå ved slutten av yngre steinalder var det fortsatt mer furu- og bjørkeskog i kystområdene enn hva tilfellet er i dag. Også på Finnmarksvidda skjer det avskoging, og ca. 1800 f.Kr. er vegetasjonsbildet omtrent som dagens (Hyvärinen 1975, 1979). En konsekvens av vegetasjonsendringen kan ha vært en sakte forflytting av elg- og reinbestandene, med økende distanse mellom reinens sommer- og vinterbeiter (Vorren 1951:14, Hood 1992:74, 86). Dette synes imidlertid å ha gitt seg sterkere utslag i tidlig metalltid.

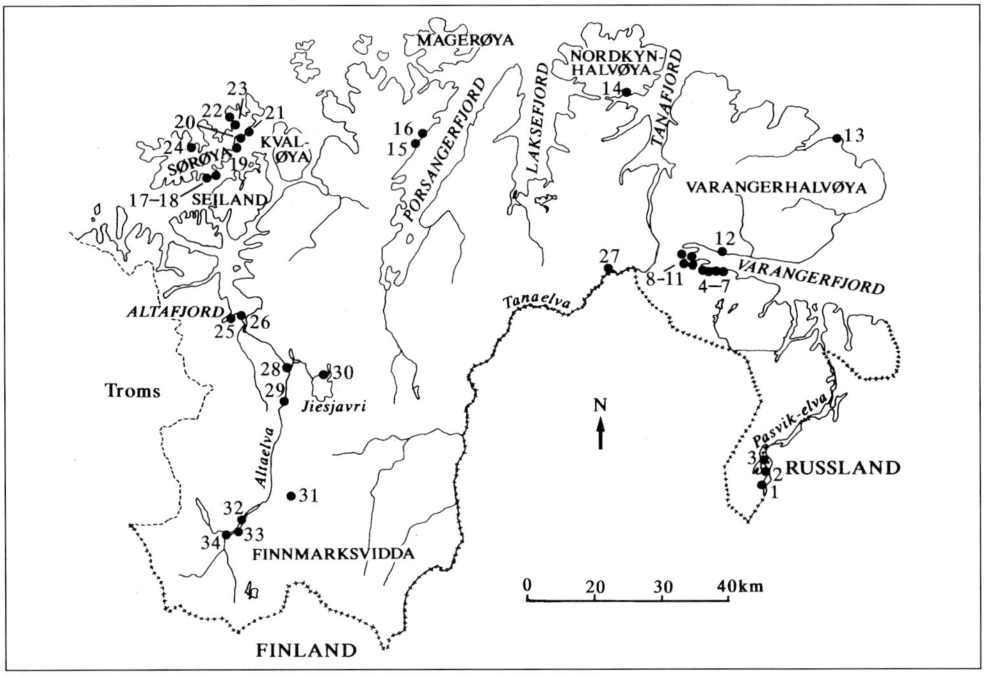

Figur 23. Funnsteder fra yngre steinalder som omtales i teksten. 1: Noatun, 2: Nesheim, 3: Gravholmen, 4: Lossoas hus, 5: Nyelv Nedre Vest, 6: Gressbakken Nedre Vest, 7: Advik, 8: Sirdagohpi, 9: Gropbakkeengen, 10: Nordli, 11: Karlebotn, 12: Mortensnes, 13: Skjåvika, 14: Iversfjord, 15: Indre Sortevik, 16: Ytre Sortevik, 17: Gåshopen, 18: Vatnan, 19: Slettnes, 20: Sandbukt, 21: Hellefjord, 22: Skarvfjordhamn, 23: Hønsebyfjord, 24: Dønnesfjord, 25: Hjemmeluft, 26: Amtmannsnes, 27: Ala-Jalve, 28: Sàvčču, 29: Virdnejàvre 112, 30: Gasadatnjàrga, 31: Làhpoluoppal, 32: Njallajàvri, 33: Guosmarjàvri, 34: Kautokeino.

Havstigningen i atlantisk tid opphører rundt 4000 f.Kr., og den fortsatte landhevningen fører til at strandlinjen på ny beveger seg nedover. Landhevningen i yngre steinalder er imidlertid mye mindre enn i de to eldste fasene av eldre steinalder. Der den er mest markert (i de indre fjordstrøkene), er landhevningen på maksimalt 15 meter i yngre steinalder, mens den i ytre strøk er bare 3–4 meter (Møller 1987). Mens terrestriske økologiske forhold synes å ha blitt gradvis forverret i løpet av yngre steinalder, var det marine økosystem mer stabilt, med mer forutsigelige maritime ressurser. I eldre steinalder førte variasjonen i polarfrontens beliggenhet samt havstigning i periode III til en viss labilitet i det marine økosystem (Hood 1992:85).

RÅSTOFF

I yngre steinalder blir nye steinråstoff tatt i bruk i Finnmark. Som følge av slipeteknikken blir skifer (rød, grønn og grå) etter hvert det vanligste steinråstoff. En annen markert endring er at finkornet råstoff, som chert og finkornet kvartsitt, blir langt sjeldnere anvendt til slåtte steinartefakter enn i eldre steinalder. I stedet blir grovkornet kvartsitt og hvit kvarts (ofte grovkrystallinsk) det vanligste råstoff til denne type steinredskap (Schanche 1988:124). Det er imidlertid en viss kronologisk variasjon idet skiferredskap er relativt sjeldne i den eldste fasen av yngre steinalder (periode I). I denne fasen er flatehogde og kantretusjerte artefakter av finkornet råstoff (chert, finkornet kvartsitt) vanlige, og utvalget av steinråstoff viser større likhet med eldre steinalder enn seinere faser av yngre steinalder.

Variasjonen i valg av råstoff må sees i sammenheng med teknologiske endringer i produksjon av steinredskap, som tilkomst av flateretusjering og sliping. Dessuten er det også visse forskjeller i steinbruken mellom kyst og innland, idet skifer ser ut til å være langt mindre brukt i innlandet enn på kysten. Årsaken til dette kan være økonomiske forskjeller, for en del av skiferartefaktene (kniver og store spisser) assosieres gjerne med maritim fangst (Gjessing 1942, Fitzhugh 1974, Søborg 1988). Ut fra materialet i Pasvikdalen synes økser og meisler å være de vanligste slipte skiferredskap i innlandet (Simonsen 1963). En gjennomgang av materialet fra Finnmarksvidda viste også klar overvekt av økser og hakkelignende redskap av slipt skifer og grønnstein.

Gunstige bevaringsforhold for organisk materiale gjør at vi også har bevart redskap av bein og horn fra yngre steinalder. Slike forhold finner vi imidlertid bare på kysten, og de fleste lokalitetene hvor slikt materiale er funnet, ligger i Øst-Finnmark (Gjessing 1942, Simonsen 1961, E. Helskog 1983). Fiskekroker, harpuner, lystergafler, pilspisser, kammer, prener og nåler er de vanligste gjenstander av bein og horn som vi har bevart fra yngre steinalder i Finnmark. Bein og horn fra rein synes å ha vært foretrukket (Simonsen 1979b:99), selv om også selknokler har blitt anvendt.

Den viktigste keramikken som produseres i yngre steinalder i Finnmark, er kamkeramikk av Säräisniemi 1-type (Carpelan 1975). Den er fremstilt av lokalt råstoff: ferskvannsleire magret med sand og kvartskorn (Foged 1968).

Fra slutten av yngre steinalder har vi det eldste metallfunnet vi kjenner fra Finnmark: en hamret kopperdolk funnet ved utgravningen av ei Gressbakken-tuft i Karlebotn, Varanger. Tufta er 14-C-datert til rundt 1800–1900 f.Kr., og metallet er importert, trolig fra Karelen eller Øst-/Sentral-Russland (Schanche 1989, Hood 1992).

KRONOLOGISK INNDELING AV YNGRE STEINALDER

Den kronologiske inndelingen av yngre steinalder har vært gjenstand for en omfattende debatt (blant annet Simonsen 1975, 1980; K. Helskog 1974b, 1980; E. Helskog 1983, Andreassen 1985). Utgangspunktet for debatten var de kronologiforslag som Simonsen fremsatte på bakgrunn av sine store undersøkelser i Varanger (Simonsen 1961, 1963, 1975, 1979b) og på Sørøya (1964, 1968, 1975, 1979b). Disse forslagene var primært basert på typologiske sammenligninger med materiale som inngår i sørskandinavisk, finsk og russisk kronologi. Det mest detaljerte forslaget ble fremsatt for Varanger, der Simonsen foreslo en inndeling i fire perioder med begynnelse 3400 f.Kr. og avslutning 100/200 e.Kr. (Simonsen 1975).

På basis av 14-C-dateringer utført i 1970- og 1980-årene har Simonsens kronologiforslag blitt revidert av arkeologer som K. Helskog (1974b, 1980), E. Helskog (1983) og R.L. Andreassen (1985). Især har K. Helskogs revisjon av kronologien for Varanger vært viktig. Helskog opprettholder Simonsens relative kronologi og inndelingen av yngre steinalder i fire perioder, men endrer delvis innholdet i periodene og skyver dem betydelig bakover i tid (K. Helskog 1980).

Helskogs kronologi for Varanger er etter min oppfatning relevant også for resten av Finnmark, selv om ikke alle typene som markerer periodenes avgrensning opptrer over hele fylket. Jeg vil imidlertid skille ut periode IV, eller den asbestkeramiske perioden (1800–0 f.Kr), fra yngre steinalder. Slik en rekke arkeologer har foreslått de seinere årene, vil jeg anvende betegnelsen tidlig metalltid for denne perioden (Olsen 1984, Jørgensen 1986, Jørgensen og Olsen 1988, Schanche 1988). Dette er også i samsvar med den terminologien som blir anvendt for Nord-Finland (Carpelan 1975) og Kolahalvøya (Shumkin 1990:9) (se kapittel 5). Vi står da igjen med en inndeling av yngre steinalder i tre perioder, og jeg skal i det følgende redegjøre for innholdet i og dateringen av dem.

Periode I (4500–3700 f.Kr.) er i Varanger definert ved kamkeramikk av Säräisniemi 1-type og flatehogde steinredskap, av dem er flatehogde og kantretusjerte spisser med spiss basis viktigst (figur 24 og 25). K. Helskog benevner denne perioden som *Säräisniemi-perioden* (1980:52). Til grunn for dateringen av begynnelsen av perioden (og overgangen til yngre steinalder) ligger 14-C-dateringer av den kamkeramiske lokaliteten «Lossoas hus» i Nyelv (Helskog 1980:49) og finske dateringer av keramikk av Säräisniemi 1-type (Siiriäinen 1973, Sohlström 1992). Flatehogde spisser med spiss basis og kamkeramikk av den aktuelle typen opptrer sammen i Varanger på lokaliteter som Nesheim og Noatun i Pasvikdalen, «Lossoas hus» (Nyelv) og Nordli (Karlebotn) (Simonsen 1961, 1963).

Kamkeramikken har imidlertid en svært begrenset utbredelse i Finnmark idet den bare forekommer i Varanger-området. Selv i dette området er den aldri funnet på

Figur 24. Kamkeramikk av Säräisniemi I-type. Den er ornert med groper og kamavtrykk, og er typisk for periode I av yngre steinalder i Varanger. Dette er også den eldste keramikken vi kjenner i Norge.

Figur 25. Flatehogde spisser med spiss basis er vanlige på boplasser fra periode I over hele Finnmark. Disse tre er fra Slettnes på Sørøya.

Figur 26. Slettnes-pilen er en kantretusjert pil av skifer som bare forekommer i begynnelsen av yngre steinalder.

nordsiden av fjorden, på tross av at spisser den assosieres med, er funnet der (Schanche 1988:82–84). Flatehogde spisser med spiss basis samt en flatehogd, halvmåneformet knivtype av chert og finkornet kvartsitt, forekommer imidlertid over hele Finnmark. Denne karakteristiske spisstypen er blant annet funnet flere steder på Sørøya, hvor den også forekommer i en spesiell kantretusjert utgave av skifer, kalt «slettnespil» (Simonsen 1975:267–268, Andreassen 1985:126) (figur 26). Det synes klart ut fra nyere undersøkelser både i Varanger (Schanche 1988:83) og på Sørøya (Andreassen 1985, Damm m.fl. 1993) at disse spissene er avgrenset til den eldste fasen av yngre steinalder. Faktisk er det få holdepunkter for at typen opptrer etter 4000 f.Kr.

Figur 27. Slipte skiferspisser av Pyhensilta- eller Nyelv-typen kjennetegner periode II av yngre steinalder. Trolig har disse slanke, lange spissene vært benyttet til jakt på sjøpattedyr.

For øvrig er periode I karakterisert ved at skiferredskapene fortsatt er relativt fåtallige og steinteknologien ennå dominert av slåtte steinartefakter.

Periode II (3700–3000 f.Kr.) er karakterisert ved at skiferen blir det klart viktigste steinråstoff. Flatehoggingsteknikken og de redskapsformene (og til dels også de råstoffene) som den assosieres med, forsvinner. I Varanger går Säräisniemi 1-keramikken ut av bruk, og seinere typer av kamkeramikk forekommer i liten grad. Med unntak av visse spredte forekomster synes derfor også Varanger å være uten keramikk i de resterende perioder av yngre steinalder.

Viktig for beskrivelsen av denne perioden er også den lange og slanke skiferspissen av Pyhensilta-type (Simonsen 1975:235, K. Helskog 1980:49–50) (figur 27). Derfor kaller K. Helskog hele perioden for *Pyhensilta-perioden* (1980:52). Det synes klart at denne spiss-

Figur 28. Dobbelteggede skiferkniver synes ikke å ha vært i bruk etter 3000 f.Kr. Kniven som her er avbildet er laget av stripet skifer, noe som gir den et elegant utseende.

typen ikke opptrer seinere enn 3000 f.Kr. i Finnmark, men enkelte dateringer kan tyde på at den begynner å opptre allerede i slutten av periode I (Andreassen 1985:143, Schanche 1988:83–84).

Som nevnt representerer overgangen til periode II skiferens gjennombrudd som viktigste steinråstoff. Med en del unntak (som blant annet spisser av Pyhensilta-type) er det imidlertid vanskelig å avgrense bruken av de ulike redskapsformene av slipt skifer ved å knytte dem til bestemte perioder. Mange typer av kniver, spisser, økser og meisler synes å ha vært lenge i omløp, og bare innbyrdes forhold kan gi nærmere kronologiske opplysninger, slik at det kan sies om vi befinner oss i periode II eller III eller i første del av tidlig metalltid. For eksempel har E.T. Helskog vist at dobbelteggede skiferkniver (figur 28) dominerer knivmaterialet fra Gropbakkeengen (periode II), mens eneggede kniver (figur 31) dominerer på Gressbakken Nedre Vest (periode III) (E. Helskog 1983:67). Denne kronologiske forskjell mellom de to knivtypenes relative frekvens synes å være en generell tendens, i hvert fall for materialet fra Varanger (Simonsen 1961, Schanche 1988). Når det gjelder spisstypene, er det en viss kronologisk variasjon, idet tangespisser med bredt blad og rette eller spisse mothaker (figur 30) ikke ser ut til å forekomme tidligere enn 3000 f.Kr. (Andreassen 1985:124). Store bladformede spisser (figur 29) synes å opptre hyppig i periode II, men er sjeldne seinere (Simonsen 1961:110–189).

Dette forholdet gjelder i det minste for kystområdene. Vi kjenner i det hele tatt langt mindre materiale fra periode II (og III) enn fra periode I i innlandet (se Simonsen 1963, 1986, 1987). Det kan imidlertid ha sammenheng med at skiferen er mindre vanlig her, slik at vi har få typer som lar seg plassere innenfor denne eller disse periodene.

Figur 29. I likhet med de dobbelteggede knivene synes heller ikke disse bladformede spydspissene av skifer å ha vært i bruk etter periode II av yngre steinalder.

Periode III (3000–1800 f.Kr.) har til forskjell fra de to foregående periodene ingen definerende gjenstandstyper, og Helskog har følgelig ikke foreslått noe navn på denne perioden (Helskog 1980:52). Imidlertid står materialet fra periode III på flere punkter klart i kontrast både til den forutgående perioden og til materialet fra tidlig metalltid, selv om få trekk er eksklusive bare for denne perioden. Blant skiferspissene forsvinner Pyhensilta-typen ved overgangen til periode III, bladformede spisser blir langt sjeldnere, mens tangespisser med rette eller spisse mothaker kommer til (figur 30). Den siste spisstypen er imidlertid ikke eksklusiv for periode III, for den er fortsatt i bruk i første halvdel av tidlig metalltid (Andreassen 1985). Av skiferknivene blir eneggede kniver (figur 31) vanligst, men også disse knivene brukes fortsatt i tidlig metalltid (E. Helskog 1983:55, 65–67).

Periode III i Varanger-området er dessuten karakterisert ved en rik beinteknologi (figur 32–34). Selv om beingjenstander også forekommer tidligere, og blant annet er funnet på boplassen Skjåvika ved Hamningberg, som er 14-C-datert til midten av periode II (Gjessing 1938, Engelstad 1986) (se figur 39), er beinmaterialet særlig rikt fra periode III-boplassene Nyelv Nedre Vest (3200–2500 f.Kr., dvs. den overlapper noe med periode II) og Gressbakken Nedre Vest (2300–1900 f.Kr.) (Simonsen 1961, Renouf 1981). Dessuten er ornering av beingjenstander et trekk som blir vanlig i periode III, og stilvalgene er eksklusive for denne perioden (figur 33). Tidlig i perioden (Nyelv) er punkt-sirkel-ornering vanlig, mens en kompleks, ofte flatedekkende strekornamentikk blir vanlig sist i perioden (Nummedal 1938, Simonsen 1961, Myrvoll 1992) (figur 34). I siste del av periode III (fra ca. 2000 f.Kr.) begynner

Figur 30. Slipte skiferspisser med tange og med rette eller spisse mothaker, er i bruk både i periode III av yngre steinalder og i første del av tidlig metalltid. I Finnmark er de funnet nesten utelukkende på kysten.

Figur 31. Eneggede skiferkniver er i bruk gjennom nesten hele yngre steinalder i Finnmark. De er imidlertid vanligst i den siste perioden og i begynnelsen av tidlig metalltid.

Figur 32. Harpuner av bein fra Nyelv Nedre Vest (etter Nummedal 1938). Trolig har harpunene vært brukt til sel- og småkvalfangst.

Figur 33. Ornert beinkam fra Gressbakken Nedre Vest. Legg merke til de to svanehodene på toppen av kammen.

visse lokale varianter av asbestkeramikk å opptre både langs kysten og i innlandet (Jørgensen og Olsen 1988). Det er imidlertid først ved overgangen til tidlig metalltid at de store asbestkeramiske gruppene (tekstilkeramikk og imitert tekstilkeramikk) for alvor begynner å gjøre seg gjeldende.

For øvrig er det ved overgangen fra periode II til periode III at vi på kysten av Finnmark får en endring fra hus med ett ildsted (Karlebotn-hus) til større hus med to (eller tre) ildsteder (Simonsen 1979b, Andreassen 1985). I Varanger er husene med dobbeltildsteder først representert gjennom hus av

Figur 34. Ornerte beinstykker fra Gressbakken Nedre Vest. Ornamentikken er flatedekkende og asymmetrisk.

Nyelv-typen (3200–2500 f.Kr.), men disse husene avløses i siste del av periode III av Gressbakken-hus, som er noe større, mer nedgravde og med flere innganger (Simonsen 1961, Renouf 1981, K. Helskog 1984, Schanche 1988). Det skal imidlertid innskytes at relativt store hus med dobbeltildsteder merkelig nok opptrer på enkelte lokaliteter i Pasvikdalen allerede i periode I (Simonsen 1961:141–152). Selv om vi kjenner eksempler på røysgraver fra periode I og II i Varanger (Simonsen 1961:177–183, Helskog 1980:49, 53), blir det langt vanligere å finne slike i tilknytning til boplasser fra periode III (Torgersen m.fl. 1959, Simonsen 1961, Renouf 1981: 224–225). Gravlegginger i hus og møddinger forekommer også i denne perioden av yngre steinalder, men er utelukkende påvist i Varanger (Torgersen m.fl. 1959, Renouf 1981:225).

Dette er i grove trekk den kronologiske inndeling av yngre steinalder i Finnmark. Man skal imidlertid være oppmerksom på at en del eksisterende data antyder at periodene bør forskyves noe bakover i tid. For eksempel kan funn fra så vel Slettnes (Damm m.fl. 1993) som Enare i Nord-Finland (Sohlström 1992:35–36) tyde på at begynnelsen av yngre steinalder bør settes 300–400 år tidligere. Det kan også være grunnlag for å dele den relativt lange periode III i to perioder med skille 2500/2400 f.Kr. I dette arbeidet vil jeg likevel anvende den foreliggende kronologi slik den er presentert over.

BOSETNINGSMØNSTER I YNGRE STEINALDER

Gutorm Gjessing var den første som lanserte en helhetlig sosiokulturell modell for yngre steinalder i Finnmark (og Nord-Norge). I artikkelen «Prehistoric social groups in North Norway» (1955) presenterte han et forslag til rekonstruksjon av bosetning, økonomi og samfunn basert på etnografiske analogier fra det sirkumpolare området, og fra de samiske siidaer i Finnmark spesielt (se også Gjessing 1975). Det arkeologiske datatilfanget fra Finnmark kom i det vesentlige fra Varanger-området. Ifølge Gjessing hadde bosetningen i yngre steinalder i Finnmark karakter av å være «halvnomadisk», det vil si at befolkningen i hver «siida» flyttet mellom fire sesongboplasser. I sommerhalvåret oppholdt man seg ved kysten, hvor det ble drevet fiske og sel- og kvalfangst, mens man om vinteren jaktet på rein, elg, bjørn og mindre vilt i innlandet. Dette tolkningsforslaget tegner et mønster som er tilnærmet identisk med flyttemønsteret i de samiske siidaene i Finnmark, slik vi får det beskrevet i en historisk kilde fra 1500-tallet:

> Deris huse och bolige erre huert aar paa fire steder, som er om sommer i fiordene och vde paa öerne epter fisk, fugle, egg, feder och dun. Om hösten paa landet vd med söesiden, huor som skouffen wancker, och naar det er gott veder roffuer hand till fiske, men naar det er vweyr och storm, da er hand i skouffen och hugger tömmer till baade och jagter. Om windteren haffuer de deris bolige till fieldz i skouffen, huor ferskwand och elffuer erre, epter wegskop, riiner och andre diur, fugel och andet. Och om waaren haffuer de deris werrelse vd med söesiden, saa hand kand i gott weder roe vd att fiske, och naar dett bles och stormer, da kand hand bygge baade och fare til fieldzs epter wegskop och skötterie. (etter Storm 1895:232)

Gjessings modell har seinere blitt utbygd og videreutviklet av Povl Simonsen. Simonsen har lansert separate tolkningsforslag for bosetningsmønsteret i Varanger og på Sørøya (Simonsen 1972, 1979b), og jeg skal først se på hans forslag for Varanger.

Økologiske forhold spiller en viktig rolle i Simonsens (og Gjessings) modell. Bakgrunnen for dette er antagelsen om at ressursutnyttelsen var styrt av sesongvise svingninger, ikke bare i forhold til hvilke arter som forekom, men også ut fra deres relative mengde (samling, migrasjoner). På dette grunnlaget blir året delt inn i fire sesonger, hver med et gitt sett av ressurser. Utnyttelsen av disse ressursene påvirket andre aspekt ved samfunnssystemet, som bosetningsmønster, befolkningsmengde og sosial struktur (Simonsen 1979b, Engelstad 1985).

Ut fra dette foreslår Simonsen at befolkningen i yngre steinalder i Varanger hadde et kyst-innland-flyttemønster med en årssyklus fordelt på fire sesongboplasser. I dette sesongflyttemønsteret lå vinterboplassen ved sjøen, nær fjordbotnen. Det var gruppens hovedboplass, og her bodde man samlet i en landsbyaktig torvhusbebyggelse (Simonsen 1973, 1979b:397–400). Tidlig i yngre steinalder besto en slik landsby av 20–30 små Karlebotn-hus, mens seinere landsbyer hadde 10–15 Gressbakkenhus (Simonsen 1979b:367). Fra vinterboplassen drev man fiske, især av torsk, samt fangst av sjøpattedyr. På våren (april/mai) ble landsbysamlingene splittet opp i mindre, familiebaserte enheter som flyttet ut til ytterkysten (for eksempel boplasser som Skjåvika) for å samle egg og dun og drive fuglefangst og seifiske. På seinsommeren flyttet man så til elvedalene inne i landet (for eksempel Pasvik) for fiske etter laks og annen innlandsfisk samt sanke bær. Om høsten dro man til fjellet og vidda for å drive villreinfangst. I midten av november ble så gruppen igjen samlet på vinterboplassen ved kysten (Simonsen 1979b:400–404).

Figur 35. Sjøsamer på sommerfiske etter sei og kveite på Finnmarkskysten (etter K. Leem 1767).

Som man ser, er det altså en forskjell mellom Simonsens og Gjessings modell med hensyn til lokalisering av vinter- og sommerboplasser. Mens Gjessing hevdet at vinterboplassen lå i innlandet, hevder Simonsen at den lå ved kysten og primært var innrettet for utnyttelse av maritime ressurser. Bakgrunnen for denne uoverensstemmelsen er at de to forskerne baserer seg på ulike typer data. Mens Gjessings modell bygger på etnografiske analogier, er Simonsens forslag basert på det arkeologiske og særlig det osteologiske materialet fra hans undersøkelser i Varanger. I H. Olsens (1967) analyser av det osteologiske materialet, som for det meste stammer fra Gressbakken Nedre Vest, er konklusjonen at materialet representerer et ressursspekter som må være resultat av vinterfangst. Den er basert på den høye andel av torsk i dette materialet (mer enn 80 %), som etter H. Olsens mening bare kan skyldes vinterfiske. Fravær av fugleunger og lite bein av sei i materialet blir tolket som uttrykk for at boplassen(e) ikke har vært bebodd om sommeren. Heller ikke om høsten antas boplassen(e) å ha vært bebodd på grunn av at det er liten andel av reinknokler (og elgknokler) i materialet. Materialet som helhet vitner om en klar maritim orientering med fisk, sjøpattedyr og sjøfugl som de viktigste ressursene (Olsen 1967, u.å.; Simonsen 1979b:397–400).

Simonsens modell(er) for Sørøya avviker betraktelig fra den han fremsatte for Varanger (Simonsen 1979b:411–416, Andreassen 1985). Til forskjell fra Varanger er det nesten ikke bevart osteologisk materiale på boplassene fra yngre steinalder på Sørøya. Han tar derfor utgangspunkt i topografiske og økologiske forhold samt i fordelingen av ulike boplasstyper. Alle boplassene på øya er lokalisert til strandsonen, og han deler dem inn i tre typer. Den første utgjøres av de store boplassene på øyas innside, som Vatnan, Sandbukt, Slettnes og Hellefjord (øvre) (se figur 23). Disse blir ansett som basisboplasser. Den andre typen finnes på yttersiden av øya, mot det åpne havet, og omfatter lokaliteter som Skarvfjordhavn, Hønsebyfjord og Dønnesfjord. Disse boplassene består av få hus med enkelt konstruerte ildsteder, og Simonsen mener de må være sesongplasser (vår), siden klimatiske og økologiske forhold ville gjøre vinteropphold vanskelig. Den tredje typen kjennes bare fra to steder, Gåshopen og Hellefjord (ytre), og består av små husklynger med ensidig redskapsinventar (dominans av eneggede skiferkniver). Simonsen anser dette som sesongfiskeplasser, et slags «rorvær».

Ut fra denne boplasstypologien fremsetter han to alternative modeller for bosetningsmønsteret på Sørøya i yngre steinalder. Den første innebærer flyttinger mellom en hovedboplass (høst/vinter) og to sesongboplasser (muligens bare én). Den andre postulerer en (semi)permanent bosetning hvor enkelte fangstgrupper forlater hovedboplassen i deler av året for å jakte fra «bistasjoner». Fangstproduktene bringes tilbake til hovedboplassen, hvor deler av befolkningen oppholder seg året rundt. Simonsen anser den siste av disse modellene for å være den mest rimelige (Simonsen 1979b:411–412).

I 1980-årene kom det en rekke innvendinger mot Simonsens (og Gjessings) modeller (Renouf 1981, 1984, 1988, 1989; Engelstad 1984, 1985; E. Helskog 1983, K. Helskog 1984, Olsen 1984, Andreassen 1985, Schanche 1988). I tråd med hva som ble trenden i studier av jeger-samlersamfunn, og spesielt kystbaserte jeger-samlere i nordlige områder (se kapittel 2), ble det argumentert for en høyere grad av bofasthet enn hva Simonsen (og Gjessing) hadde foreslått for Varanger. Simonsens analyser av bosetningsmønsteret på Sørøya, der han selv hadde satt frem en hypotese om betydelig grad av sedentaritet, ble mindre omtalt. En seinere analyse av bosetningsmønsteret på Sørøya støtter i det vesentlige Simonsens resultat her (Andreassen 1985:236).

De første som detaljert opponerte mot Simonsens sesongflyttemodell var Renouf (1981) og E. Helskog (1983), og jeg skal se litt nærmere på deres argumentasjon. Til grunn for deres syn ligger omfattende arkeologiske undersøkelser som de foretok henholdsvis på Nyelv Nedre Vest (Renouf 1981) og i Iversfjord på Nordkynhalvøya (E. Helskog 1983). På basis av (1) analyser av det osteologiske materialet fra disse boplassene samt refortolkning av Simonsens materiale fra Gressbakken Nedre Vest og (2) en analyse av aktiviteter i og utenfor husene hevder Renouf og E. Helskog at man må regne med en langt større grad av bofasthet enn hva Simonsen foreslår for Varanger. I motsetning til H. Olsens og Simonsens fortolkning hevder de at det osteologiske materialet fra disse to boplassene, som viser den samme maritime orientering som Gressbakken Nedre Vest, representerer «all seasons of the year» (E. Helskog 1983:82). Det argumentet at torskens dominans i fiskematerialet må representere vinterfiske (H. Olsen 1967, Simonsen 1979:397), imøtegår de ved å vise til at helårig fiske også vil gi betydelig overvekt av torsk. Stasjonære torskestammer i fjordene gjør at torsken er en helårig ressurs, og ikke avgrenset til vinter-/vår-innsiget av loddetorsk fra Barentshavet (E. Helskog 1983:80–81, 148).

Simonsens utgravninger var avgrenset til det indre av hustuftene, og materialet avspeiler følgelig aktiviteter som forgikk her (figur 36). En slik konsentrasjon av undersøkelsene til det indre av husene kan ha resultert i at sommeraktiviteter er underrepresenterte dersom boplassen var bebodd også om sommeren. Spencer skriver for eksempel følgende om Point Barrow-inuitene:

> ... if the family elected to remain at the coastal village, they rarely lived in the house proper during the summer. The tendency was to erect a tent near the house or at the beach. (Spencer 1959:60)

Figur 36. Utgravd hustuft på boplassen Nyelv Nedre Vest. Legg merke til hvordan utgravningsfeltet er avgrenset til det indre av hustufta. Bildet er tatt av Povl Simonsen i 1957.

Under utgravningene i Nyelv og Iversfjord ble også betydelige områder utenfor husene undersøkt. På Nyelv Nedre Vest ble det funnet flere separate møddinger, groper og utendørs ildsteder, noe som viser at en ensidig konsentrasjon om husene ikke gir et representativt bilde av boplassen som helhet. På bakgrunn av dette konkluderer Renouf med følgende:

> In order to understand the character of the Nyelv Nedre Vest settlement, the seasons during which it was occupied, and the extent to which it was a permanent location, the various conclusions about seasonality which are based on each midden feature must be looked upon as a whole with each midden a part of the mosaic which form the overview. What such an overview portrays is the occupation of the area during each of the four seasons. (Renouf 1981:221)

Analysen av aktivitetene utenfor husene på Iversfjord-boplassen ga ikke noe entydig bilde. Imidlertid var det ifølge E. Helskog en tendens til at områdene utenfor husene var knyttet til sommeraktiviteter mens husene til en viss grad kunne relateres til vinteraktiviteter (E. Helskog 1983:140–149). Statistiske analyser av materialet fra husene på denne boplassen viste også en større produksjonsmessig differensiering mellom husholdene enn tidligere antatt (blant annet var vektleggingen på fiske og på jakt forskjellig). Også dette kan tas til inntekt for en mer sedentær bosetning med variert ressursutnyttelse (E. Helskog 1983:111–112, 148–150, Engelstad 1984).

Et problem med disse analysene, og dette gjelder E. Helskogs (Engelstads) og Renoufs i nesten like stor grad som Gjessings og Simonsens, er at endringer over tid i liten grad blir gjort til gjenstand for analyse eller diskusjon. Det blir hevdet at Iversfjord-boplassen var i bruk gjennom 2500 år, men i den funksjonelle analysen av husene blir dette i liten grad tatt hensyn til. Selv om det poengteres at strategiene var fleksible, med regional variasjon i bosetningsmønster (Engelstad 1984), blir variasjon over tid oftest neglisjert (Schanche 1988:151). Dette blir ikke mindre betenkelig når man vet at perioden yngre steinalder for disse forskerne også innbefatter tidlig metalltid, dvs. et samlet tidsrom på over 4000 år.

Et annet sentralt problem i studiet av Finnmarks-bosetningen i yngre steinalder har vært bedømmelse av boplassenes størrelse ut fra antall tufter. Mens Gjessing (1942:501, 1955), Simonsen (1979b:364) og Renouf (1981:298–300) tolker samlinger av hustufter fra yngre steinalder langs kysten av Finnmark som spor etter små landsbyer eller fiskevær, har husenes samtidighet blitt betvilt av andre (E. Helskog 1983:57, 150; K. Helskog 1984, Andreassen 1985:235–250, Hood 1992:52). Heiet frem av statistiske analyser ble parolen «nei til samtidige hus» forfektet med nesten like stor entusiasme som «ja til økt bofasthet» av Tromsø-arkeologene i 1980-årene. E. Helskog (1983) antyder for eksempel at ikke mer enn to hus kan ha vært bebodd samtidig i Iversfjord, og Andreassen (1985) trekker en tilsvarende konklusjon for Sørøya. Den mest detaljerte analysen av husenes samtidighet er utført av Knut Helskog (1984). Med 14-C-dateringer som utgangspunkt kommer han frem til at det på de store lokalitetene Advik, Gressbakken og Nyelv i Varanger normalt («statistisk sett») kun har stått fra ett(!) til seks hus samtidig. Unntaksvis, som på Gropbakkeengen med minst 89 tufter, kan flere enn seks hus ha vært samtidige.

Som Schanche (1988:129–130) har hevdet, kan det være grunn til å trekke i tvil et så restriktivt syn på husenes samtidighet. Om vi tar utgangspunkt i de 14-C-dateringer som K. Helskog selv legger til grunn, så kan disse i mange tilfeller like gjerne indikere at mange hus faktisk var samtidige. Av de i alt sju daterte husene fra Gressbakken Nedre Vest (sju daterte av i alt fjorten hus) ligger seks innenfor samme tidsmargin dersom man tar hensyn til standardavviket (1 sigma), mens det sjuende mangler et par tiår på å falle innenfor samme margin (K. Helskog 1984, Schanche 1988:129). Tilsvarende overlapping gjelder for dateringene fra Gressbakken Nedre Øst (K. Helskog 1980, 1984).

Til grunn for sin analyse legger K. Helskog ei antatt levetid på ca. 50 år for steinalderhusene, mens E. Helskog (1983:147) bruker en norm på 30 år. Begge anfører antatt levetid på samiske gammer som bakgrunn for anslagene. Flere forhold gjør slike beregninger svært problematiske. For det første er ei antatt brukstid på 30 år betinget av at gammene ikke, eller i bare liten grad, vedlikeholdes. Dersom de blir vedlikeholdt (torv og never skiftes), kan selv små rundgammer stå svært lenge. For det andre representerer husene fra yngre steinalder, og spesielt Gressbakken-huset, en helt annen boligkonstruksjon enn den samiske rundgammen. Disse husene var rektangulære, gulvplanet var nedgravd, og de var dessuten adskillig større og mer solide konstruksjoner. Byggingen av et Gressbakken-hus har følgelig krevd en betydelig arbeidsinnsats. Sammen med funn av ildsteder i flere stratigrafiske nivå i husene (Simonsen 1961:155, 162–165, 346–347) taler dette for ei funksjonstid langt utover det K. Helskog og E. Helskog legger til grunn.

Det er liten grunn til å tvile på at det er kronologisk variasjon mellom mange av husene på så store boplasser som Gropbakkeengen i Karlebotn med 89 tufter (se figur 38). Erkjennelsen av at ikke alle hus er samtidige (noe vel ingen noensinne har påstått), må likevel ikke lede oss til den andre ytterlighet, at nesten ingen hus er samtidige. Husene representerer tross alt sosiale enheter, og disse fordrer en viss størrelse for at sosial, økonomisk og biologisk reproduksjon skal kunne finne sted. På basis av så vel 14-C-dateringer som forventet funksjonstid på husene og husenes innbyrdes organisering på boplassene (jeg tenker her især på boplasser av Gressbakken-type) tror jeg at det ikke har vært uvanlig med boplasser på Finnmarkskysten i periode II og III der fra 10 til 20 hus har vært bebodd samtidig.

Kan vi så si noe om hvordan bosetningsmønsteret har endret seg gjennom yngre steinalder i Finnmark? Det er i hvert fall mulig å antyde visse generelle trekk, noe jeg skal redegjøre for i det følgende.

I *periode I* (4500–3700 f.Kr.) er boplassene både på kysten og i innlandet karakterisert ved et relativt høyt antall flatehogde spisser med spiss basis. I Varanger-området er disse boplassene også kjennetegnet ved forekomst av kamkeramikk av Säräisniemi 1-type. Imidlertid er det her en interessant forskjell mellom boplassene på nordsiden og boplassene på sørsiden av det indre av Varangerfjorden. Boplassene på nordsiden av fjorden, slik vi kjenner dem fra Mortensnes, er ikke bare karakterisert ved de flatehogde spissene. Andre typiske trekk er hustufter av tilnærmet Karlebotntype, et relativt stort innslag av skiferkniver (i ei hustuft ble det funnet åtte kniver) samt fravær av keramikk (Schanche 1988:82–84). Boplassene på sørsiden av fjorden, som «Lossoas hus» i Nyelv og Nordli i Karlebotn, mangler hustufter («Lossoas hus» er navngitt etter de funn som ble gjort da O. Lossoa bygde et hus her etter krigen!). På disse boplassene er det funnet få skiferartefakter, men store mengder keramikk, flatehogde spisser og flatehogde eller kantretusjerte skrape- og kutteredskap (Simonsen 1961:83–104, 441–448).

Nordli og «Lossoas hus» er bemerkelsesverdige fordi disse kystboplassene har et inventar som er svært likt det man finner på innlandsboplassene i Pasvikdalen (Simonsen 1963, Hood 1992:235). Valg av steinråstoff bidrar også til å knytte Nordli og «Lossoas hus» til disse boplassene (Hood 1992:239–243). Det kan derfor tenkes at boplassene i det indre av Varangerfjorden representerer to forskjellige bosetningsmønster, der de på nordsiden er levninger etter en (mindre mobil?) kysttilknyttet bosetning mens de på sørsiden inngår i et kyst-innland-flyttemønster.

Som nevnt er det funnet en stor mengde flatehogde spisser og skrape- og kutteredskap på Nordli og «Lossoas hus». Hood (1992:235) tolker dette som uttrykk for at grupper drev utstrakt reinjakt fra kystboplasser i periode I. Vegetasjonshistoriske analyser tilsier også gode biotoper for rein (og elg) ved kysten i denne perioden. Likevel blir ikke dette bekreftet av det sparsomme osteologiske materialet vi har bevart fra «Lossoas hus». De artene som er representert her, er hovedsakelig fisk, sjøfugl og sel, og det vitner om en klar maritim orientering. Bare tre fragment av reinknokler ble påvist (H. Olsen 1967, u.å.).

Etter min oppfatning representerer disse kamkeramiske boplassene på sørsiden av Varangerfjorden sesongplasser for en befolkning som flyttet mellom kyst og innland (se figur 43). I innlandet lå boplassene i Pasvikdalen eller ved Enaresjøens nordlige vannsystem. Årssyklusen kan ha lignet den Gjessing foreslo for yngre steinalder i Finnmark; det vil si at man om våren og sommeren oppholdt seg ved kysten for å fiske, fange sjøfugl og sel samt jakte i kystskogene, mens vinteren ble tilbrakt i innlandet. Til grunn for denne oppfatningen ligger dels sammensetningen av det osteologiske materialet fra «Lossoas hus», dels at de eneste kamkeramiske boplassene som har hustufter, ligger i innlandet og ikke ved kysten. Av klimatiske årsaker ville det være mer påkrevd med permanente boliger om vinteren enn om sommeren. På Noatun Neset, Nesheim og Gravholmen i Pasvikdalen er det undersøkt solide, nedgravde hus fra periode I (figur 37). Enkelte av husene har en

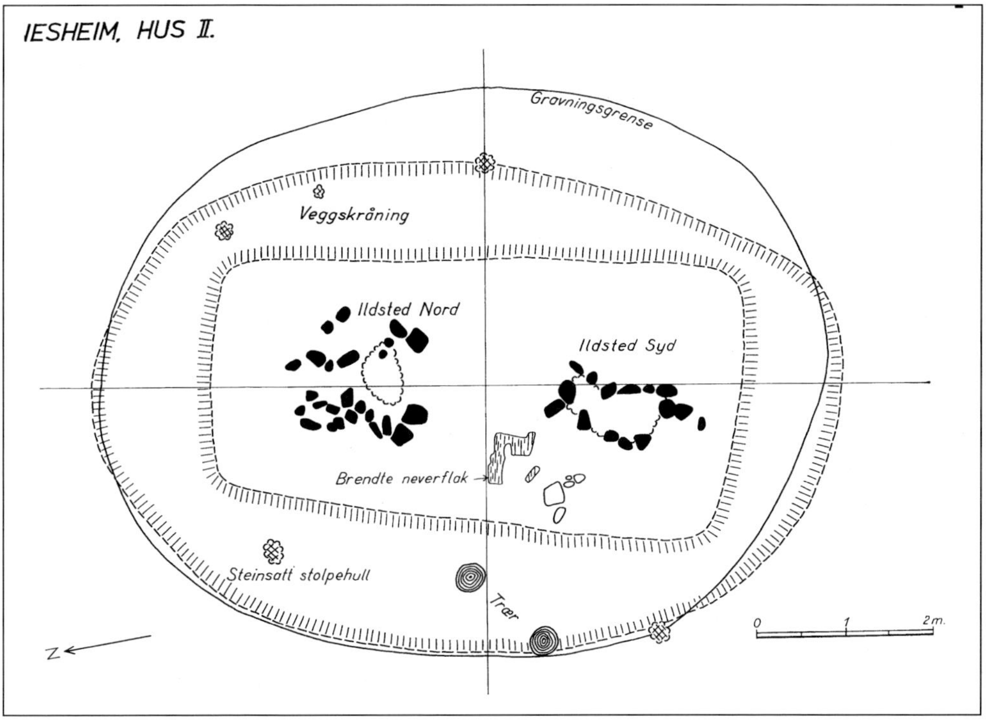

Figur 37. Plantegning av utgravd hustuft på Nesheim, øverst i Pasvikdalen (etter P. Simonsen 1963).

størrelse på hele 40 m². På Nordli og «Lossoas hus» er det derimot bare funnet frittliggende ildsteder.

Indikasjonene på at vi i Varanger har å gjøre med to uavhengige bosetningssystem i periode I, en kamkeramisk og mobil kyst-innlandsgruppe og en ikke-keramisk (og mindre mobil?) kystgruppe, gjør at vi også må være forsiktig med å relatere keramikk til sedentaritet slik det ofte blir gjort (for eksempel Renouf 1981:223). Faktisk synes keramikkbruken i yngre steinalder og tidlig metalltid å være mindre vanlig i faser med antatt sedentaritet enn i faser med utstrakt mobilitet (se nedenfor).

Materialet fra andre områder av Finnmark i periode I er magert, med unntak av Sørøya (Andreassen 1985, Damm m.fl. 1993). Detaljerte analyser foreligger heller ikke her, men på Slettnes ble materialet fra tidlig del av periode I funnet på en lokalitet uten hustufter. Andreassen (1985:126–127) viser imidlertid til funn av flatehogde spisser fra periode I som er gjort i hustufter. Forekomst av hustufter er imidlertid ikke tilstrekkelig til at man kan regne med sedentaritet eller semisedentaritet. Jeg tror derfor at vi langs kysten av Finnmark (og dette inkluderer også Sørøya) må anta at den mobile bosetningsformen fra slutten av eldre steinalder fortsatt var vanlig i periode I av yngre steinalder, selv om det nok var en viss regional variasjon.

I tillegg til mobile kystsamfunn og grupper som flytter mellom kyst og innland (slik det ble antydet for Varanger), må vi også anta at det fantes innlandsbaserte grupper på Finnmarksvidda (Hood 1992:54–55). Datamaterialet herfra er imidlertid svært spinkelt (E. Helskog 1978, Simonsen 1987). Utenom fra Sávčču, som ligger relativt nært kysten (35–40 km), kjenner vi flatehogde spisser med spiss basis fra bare to lokaliteter på Finnmarksvidda: Guosmarjávri 2 like ved Kautokeino og en lokalitet på selve Kautokeino kirkested. I tillegg har vi to kantretusjerte og delvis slipte spisser med bred tange i skifer og hornstein fra Láhpoluoppal, Kautokeino kommune, som trolig også tilhører periode I.

Den eneste 14-C-daterte lokaliteten fra periode I på Finnmarksvidda er Virdnejávri 24 (se figur 87 og 88). Den ligger i sørøst-enden av Virdnejávre, på motsatt bredd i forhold til den mesolittiske lokaliteten som ble omtalt i forrige kapittel. Lokaliteten, som er 14-C-datert til tidsrommet 4360–3800 f.Kr., har et inventar som er svært forskjellig fra det vi finner på samtidige lokaliteter både ved kysten og i Pasvikdalen. I likhet med det som var tilfellet på den mesolittiske lokaliteten Virdnejávri 113, var nesten utelukkende hvit kvarts brukt som råstoff. Det ble ikke funnet flatehogde spisser, og foruten avslag var skraperne den vanligste funnkategorien. Ofte dreide det seg om svært velformede skiveskrapere, og en del av dem lå i en så tett konsentrasjon at de nærmest dannet en liten haug (Simonsen 1986). Utover dette ble det funnet flere konsentrasjoner med brent bein. Det ensidige funninventaret fra Virdnejávri 24 kan tyde på en relativt spesialisert sesonglokalitet, for eksempel et sted der skinn er blitt bearbeidet under høstjakten.

Den intensivering i bruken av innlandsområdene som vi kjenner fra Pasvikdalen i periode I, synes altså ikke å ha skjedd for Finnmarksviddas del. På Finnmarksvidda kjenner vi faktisk flere lokaliteter fra fase III av eldre steinalder. Også om vi tar i betraktning at første periode av yngre steinalder bare varte i rundt 800 år, betyr dette likevel neppe at det har vært mindre aktivitet her i denne perioden enn i den siste fasen av eldre steinalder. En annen markert forskjell mellom de to innlandsområdene er at mens vi i Pasvikdalen ofte finner materiale fra periode I på lokaliteter der det også er materiale fra tidlig metalltid, er denne koblingen sjelden på Finnmarksvidda. Her forekommer det oftere en blanding av materiale fra sein eldre steinalder og tidlig metalltid på de lokaliteter som til nå er undersøkt her.

Fra *periode II* (3700–3000 f.Kr.) har vi bevart langt flere hustufter langs kysten av Finnmark enn fra periode I, men med unntak av Varanger og Sørøya har de i liten grad vært undersøkt av arkeologer. I løpet av denne perioden begynte skogen å trekke seg gradvis tilbake fra kysten, samtidig med at det maritime miljø ble stabilisert (Hood 1992). Dette kan ha resultert i en mer utstrakt flytting mellom kyst og innland, og/eller en tiltagende orientering mot maritime ressurser. Noe av det arkeologiske materialet kan tas til inntekt for at i hvert fall det siste skjer.

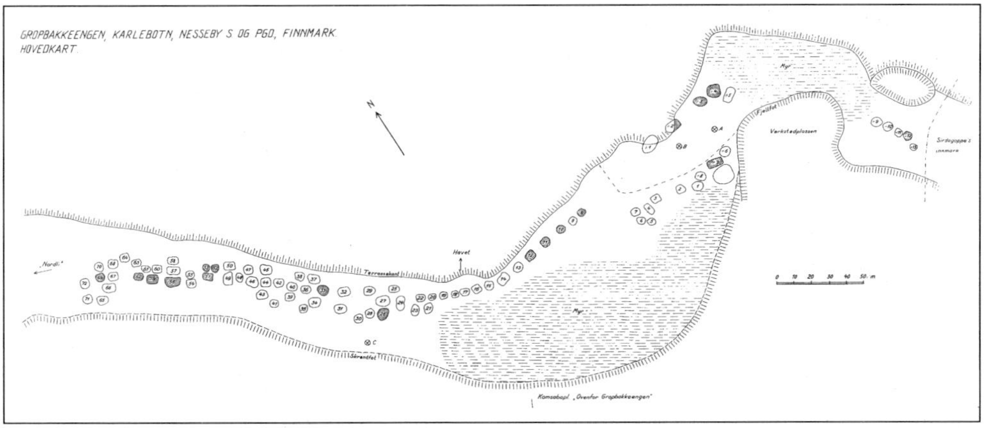

Figur 38. Plantegning av boplassen Gropbakkeengen i Karlebotn (etter Simonsen 1961). Boplassen har minst 89 hustufter og tre gravrøyser (merket med kryss). De skraverte feltene angir utgravde hustufter.

Gropbakkeengen i Karlebotn er den største boplassen vi kjenner fra periode II (figur 38). Den består av minst 89 tufter, men trolig har det vært langt flere, for det ligger mange delvis utslettede tufter på en oppdyrket terrasse (Sirdagohpi) øst for det som i dag regnes som hovedfeltet. Materialet fra Gropbakkeengen er bemerkelsesverdig spesialisert, med store mengder spisser, især piler av Pyhensilta-typen og bladformede spydspisser, samt dobbelteggede kniver av slipt skifer. Et av husene inneholdt for eksempel 17 kniver, 21 spydspisser og 57 pilspisser. Utover ytterligere 22 fragment av spisser ble det nesten ikke gjort funn i tufta (Simonsen 1961:188). Tilsvarende mønster finner vi i mange av de 16 andre undersøkte tuftene (Simonsen 1961:189). Det vitner om en svært spesialisert boplass, trolig innrettet på fangst av sjøpattedyr, og det virker ikke rimelig at dette inventaret representerer aktiviteter på en sedentær eller semisedentær boplass (Hood 1992:232). På tross av boplassens størrelse og relativt solid konstruerte hus med et indre areal på 15–20 m^2, tyder den utstrakte spesialiseringen på at plassen bare har vært bebodd deler av året. Det osteologiske materialet herfra er svært lite, men sammensetningen (mest fisk, grønlandssel og kval) kan peke i retning av at boplassen var i bruk seinvinter/vår (H. Olsen 1967, u.å.). Muligens har vi å gjøre med en form for boplassmobilitet («residental mobility») (Binford 1980), der bosetningen flyttes mellom ulike ressursområder.

Ute på ytterkysten av Varangerhalvøya, ved Hamningberg, finner vi boplassen Skjåvika fra midten av periode II (Gjessing 1938, Engelstad 1986). Også den vitner om en høy grad av sesongvis spesialisering på maritime ressurser, med blant annet funn av eneggede skiferkniver, fiskesøkke samt vadbein og relativt mange spisser,

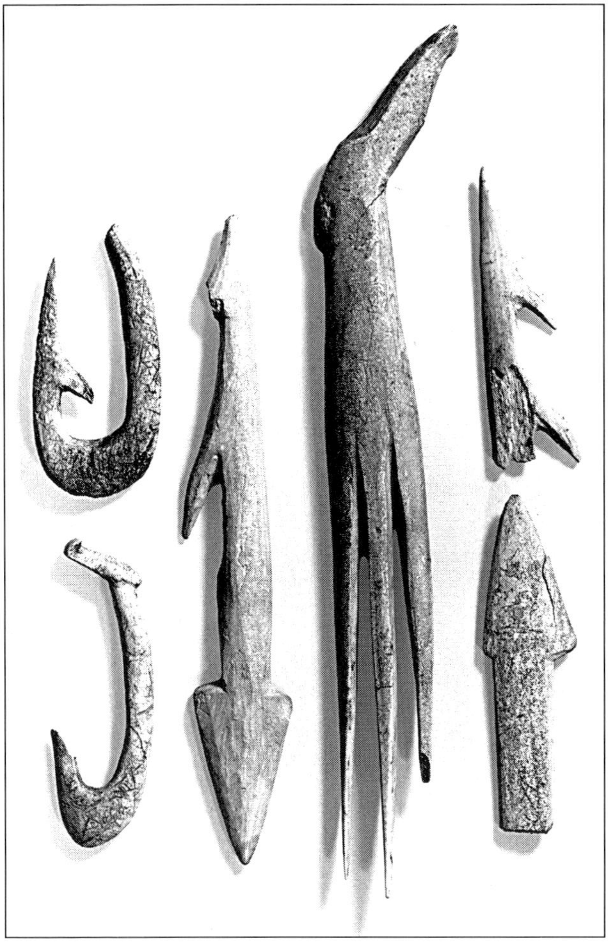

Figur 39. Beinredskap fra boplassen Skjåvika ved Hamningberg.

harpuner og fiskekroker av bein (figur 39). Det kan tyde på at lokaliteten representerer kortvarige sesongopphold, noe som kan støtte Simonsens antagelse av at dette var en sommerboplass (Simonsen 1979b:400–401). Det utgravde materialet skal ifølge Gjessing (1938) ikke stamme fra ei hustuft, og fraværet av hustufter kunne ytterligere styrke Simonsens hypotese. Imidlertid har nyere undersøkelser påvist et betydelig antall tufter i Skjåvika (A. Schanche, personlig kommentar), og på bakgrunn av den manglende kjennskapen til steinaldertufter blant arkeologene i 1930-årene skal vi ikke se bort fra at også det utgravde materialet stammer fra ei eller flere tufter.

Lenger vestover langs Finnmarkskysten er det sparsomt med undersøkte boplasser fra denne perioden før vi kommer til Sørøya. På Iversfjord-boplassen på Nordkynhalvøya begynner bosetningen først i periode III (E. Helskog 1983), og dette synes også å gjelde boplassene Indre og Ytre Sortevik i Porsanger, selv om materialet fra de store undersøkelsene her ennå ikke er bearbeidet (Andreassen, personlig kommentar). På Sørøya er det imidlertid undersøkt flere boplasser med materiale fra periode II (Andreassen 1985). Den mest omfattende av disse undersøkelsene er gjort på Slettnes. Materialet herfra er fortsatt under bearbeiding (Damm m.fl. 1993), men det synes å være en viss likhet mellom materialet fra denne perioden på Slettnes og det fra Gropbakkeengen: mange hus, et høyt antall spisser av Pyhensilta-type, relativt mange kniver, men få andre skrape- og kutteredskap. Til forskjell fra det som var tilfellet på Gropbakkeengen, ser det ut til å være langt flere spor etter tilvirkning av skiferredskap på Slettnes; det dreier seg om kjerner, emner og avslag. Likevel er likhetene så pass store at det synes relevant å tolke også Slettnes-boplassen på tilsvarende måte som det har vært gjort for Gropbakkeengen, det vil si som en spesialisert sesongplass innenfor et bosetningssystem preget av «residental mobility».

Situasjonen i innlandet vet vi lite om. Mens vi har mye materiale fra periode I i Pasvikdalen, er det lite som direkte lar seg datere til periode II. Dette kan ha sammenheng med at vi har vanskeligheter med å identifisere materiale som hører til denne perioden. Når Säräisniemi 1-keramikk går ut av bruk og flatehoggingsteknikken opphører, har vi få kronologiske holdepunkter igjen. De artefaktene som er typiske for periode II, er skiferartefakter, men slike et det generelt lite av i innlandet. Sammen med sparsomme undersøkelser kan dette også forklare vår begrensede viten om denne perioden på Finnmarksvidda. Med unntak av noen fragment av Pyhensilta-lignende spisser fra Jiesjávri, Njallajávri og Láhpoluoppal, står vi her uten materiale som med sikkerhet lar seg datere til periode II.

Alternativt kan den tilsynelatende funnedgangen i relativt kystnære innlandsstrøk som Pasvikdalen skyldes en reell omlegging av bosetningsmønsteret. Grupper som i periode I flyttet mellom kyst og innland, kan ha utviklet en større grad av maritim tilpasning i periode II, noe boplasser som Gropbakkeengen kan være et uttrykk for (se nedenfor).

I løpet av *periode III* (3000–1800 f.Kr.) ser det ut til å skje endringer i bosetningsbildet over store deler av kysten av Finnmark. Større og mer solid konstruerte hus kommer i bruk, selv om dette mange steder ikke synes å skje før i siste del av perioden. Mot slutten av periode III får vi også bedre data om bosetningen i innlandet.

Det er materiale fra periode III som vanligvis er blitt brukt for å belegge påstanden om bofasthet på kysten av Finnmark i yngre steinalder (Renouf 1981, 1984, 1988, 1989; E. Helskog 1983, Engelstad 1984, 1985, Andreassen 1985). Materialet fra Varanger står også her i en særstilling, takket være stor forskningsinnsats og gode bevaringsforhold for organisk materiale. Jeg skal derfor først se på Varanger-materialet og deretter på det vi har fra øvrige deler av Finnmark.

I siste del av fase II synes det å skje endringer i bosetningsbildet i Varanger. Langs kysten får vi nå en overgang til større hus med doble ildsteder, slik vi blant annet kjenner dem fra Nyelv Nedre Vest (Simonsen 1963, Renouf 1981). Disse husene ser ut til å være en overgangstype mellom Karlebotn-huset og det seinere Gressbakkenhuset (se Simonsen 1979b:375–376). Nyelv-huset er rektangulært, og hvis vi ser bort fra rekkeildstedene minner det om de største husene av Karlebotn-typen (figur 40, se også figur 36). I perioden 3200–3000 f.Kr. synes det også å være en overlapping mellom disse to hustypene. De fleste Nyelv-husene tilhører imidlertid periode III, der de later til å være i bruk frem til 2500/2400 f.Kr. (K. Helskog 1980, Renouf 1981).

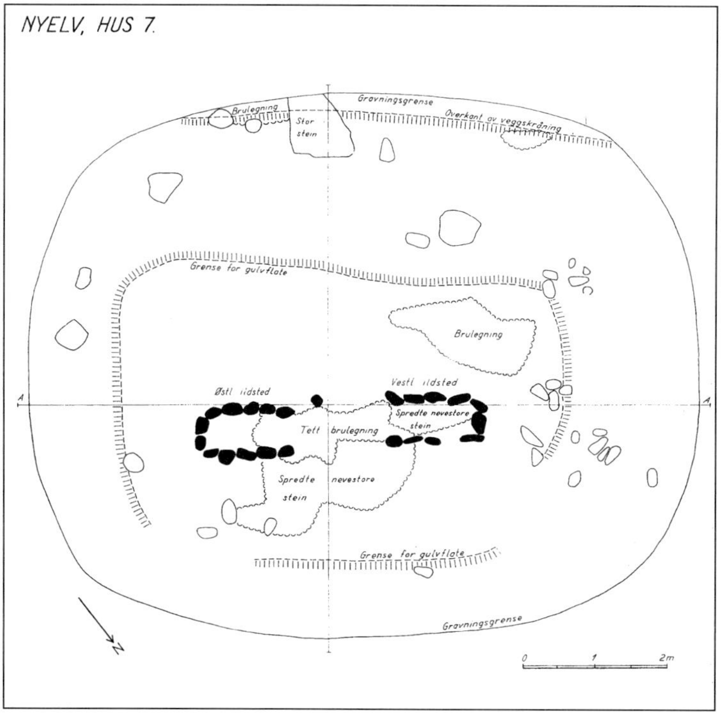

Figur 40. Plantegning av hustuft av Nyelv-typen fra Nyelv Nedre Vest (etter P. Simonsen 1961). Tufta er den samme som den som er avbildet på figur 36.

På denne tida (eller litt seinere) avløses de av de såkalte Gressbakken-husene (figur 41). Disse er utvilsomt de mest markerte tuftene fra hele den forhistoriske perioden i Finnmark. Tuftene er omgitt av kraftige voller av flere meters bredde og har en innvendig forsenkning som kan være godt over en meter dyp. Tuftene har (i utgravd tilstand) et rektangulært gulvplan på mellom 30–50 m^2. I vollmassen foran tuftene er det ofte kompakte møddinger. Som Nyelv-huset har de todelte (av og til tredelte) rektangulære ildsteder plassert langs tuftas midtlinje i lengderetningen. Et særtrekk ved Gressbakken-husene er de mange og klart markerte utgangene. Som oftest er det tre slike utganger, plassert midt på gavlveggene og på langveggen mot sjøen, men enkelte Gressbakken-hus har i tillegg utgang i bakre langvegg (Simonsen 1961, 1979b:371–374). Sammen med ildstedene gir dette tuftene et svært symmetrisk utseende. Nyere undersøkelser (Schanche 1989, personlig kommentar) har vist at utgangene i gavlveggene leder til runde «anneks» før de igjen leder ut i det fri.

Antallet tufter på boplasser av Gressbakken-typen i Varanger varierer fra to til over tretti (K. Schanche, personlig kommentar). Som regel er de arrangert lineært på en eller flere rekker med jevn innbyrdes avstand (figur 42). På større boplasser finnes det ett eller flere mindre hus av mer kvadratisk eller avrundet form, trolig brukt til spesielle sosiale eller økonomiske formål. 14-C-dateringer av tufter av Gressbakken-type fra Varanger-området viser en bemerkelsesverdig konsentrasjon omkring 2000 f.Kr., og Gressbakken-hus synes ikke å ha vært anvendt utover perioden 2400/2300–1800 f.Kr.

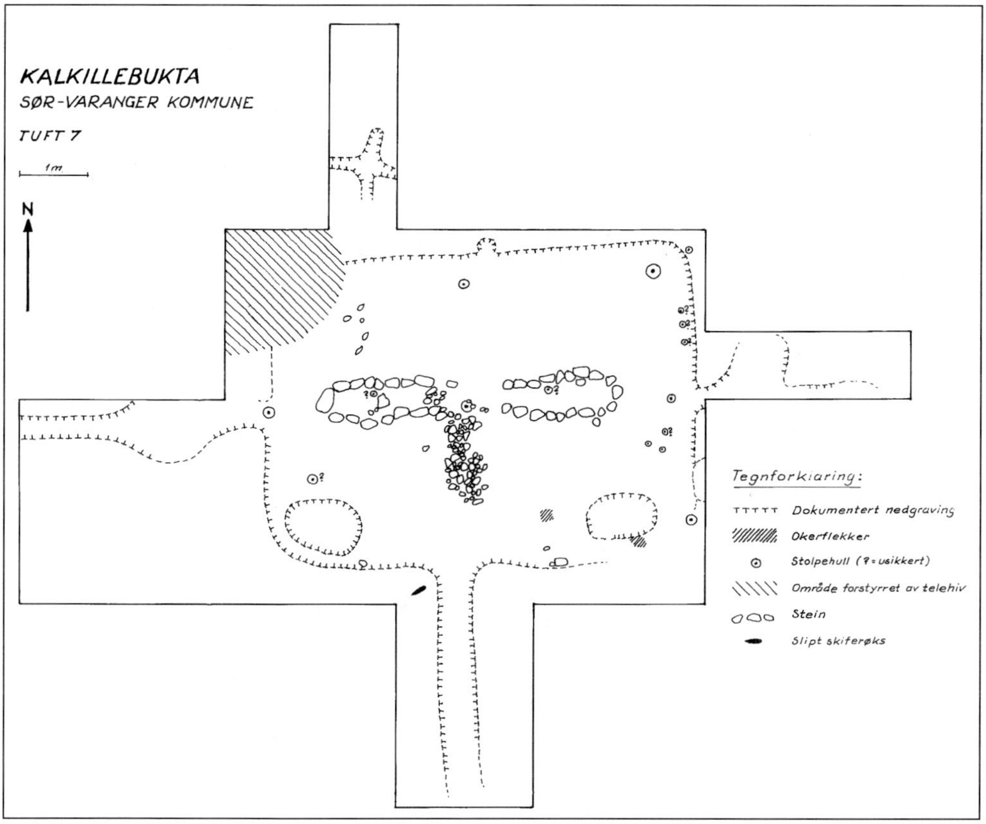

Figur 41. Plantegning av utgravd hustuft av Gressbakken-typen fra Kalkillebukta, Munkefjord, Sør-Varanger (etter K. Schanche u.å.). Legg merke til de lange inngangskorridorene og utvidelsene av disse til små «annekser» for enden av hver gavlvegg.

(K. Helskog 1980, 1984; Schanche u.å.). Dette betyr at den bosetningsfasen jeg tidligere har antydet for disse tuftene, er altfor lang (Olsen 1984, kapittel 7.4).

Som det ble redegjort for over, har både Renouf (1981, 1984, 1989) og Engelstad (1984) argumentert for en tilnærmet sedentær bosetning i Varanger i periode III (se også Olsen 1984, Schanche 1988, Hood 1992). Etter min oppfatning er dette en plausibel hypotese, og jeg viser her til flere faktorer:

a Artsvariasjonen og omfanget av det osteologiske materialet fra boplasser som Nyelv Nedre Vest, Advik og Gressbakken Nedre Vest. (H. Olsen 1967, u.å., Renouf 1981, 1989),
b variasjonen i og omfanget av det arkeologiske materialet fra disse boplassene (Simonsen 1961, Renouf 1981, Engelstad 1984),

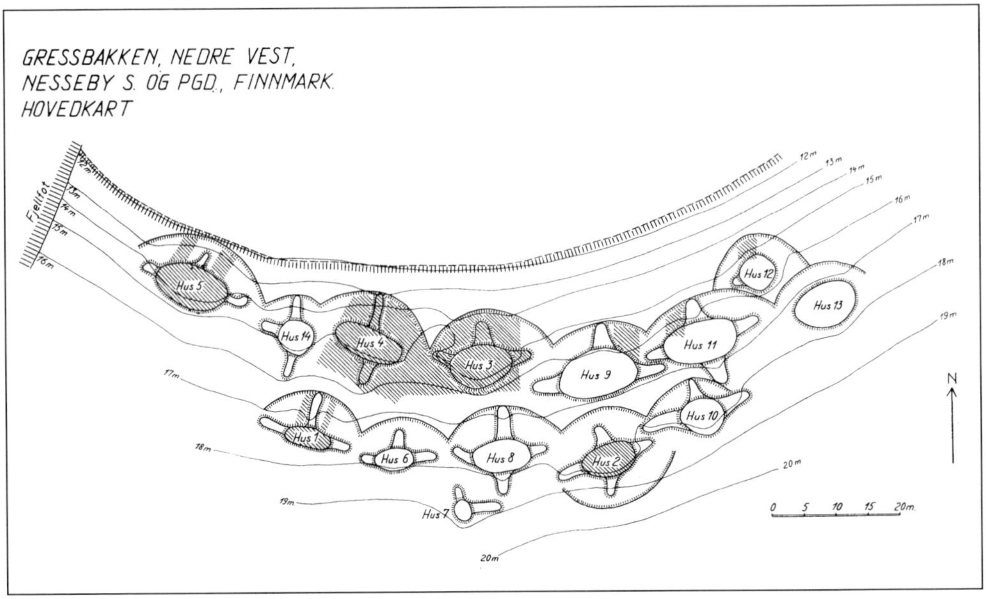

Figur 42. Plantegning av boplassen Gressbakken Nedre Vest (etter Simonsen 1961). Skraverte områder angir utgravningsfelt.

c de solide huskonstruksjonene (særlig Gressbakken-husene) med stratigrafisk belegg for flere bosetningsfaser og med store møddingopphopninger (Simonsen 1962) samt

d et økende antall begravelser på boplassene (Torgersen m.fl. 1959, Simonsen 1961).

Når jeg mener at det i Varanger var en tilnærmet sedentær, eller semisedentær bosetning i periode III, bygger jeg på det kriteriet at man bodde samlet på boplassene store deler av året (ni–ti måneder), og at noen personer (for eksempel eldre) kan ha bodd her gjennom hele året. Andre grupper kan i kortere perioder har vært fraværende, på jakt, for å samle mat eller fiske eller for å delta i sosiale eller rituelle samlinger. Fra hovedboplassen har man utnyttet ressurser som fisk, sjøpattedyr, fugl – og rein (H. Olsen 1967, u.å.; Schanche 1989:65). Ifølge Renouf (1989:219–225) har man jaktet rein direkte fra kystboplassene. Hun baserer denne antagelsen på funn av flere reinknokler i opprinnelig anatomisk posisjon i møddingene på Gressbakken Nedre Vest, noe som antyder at tilnærmelsesvis hele slakt ble brakt tilbake til boplassen. Den store andelen reinbein i det osteologiske materialet fra Karlebotnbakken kan støtte en slik hypotese om at reinjakt ble drevet direkte fra disse kystboplassene (Schanche 1989:65).

Langs kysten av Finnmark for øvrig synes noen av de samme endringene å skje, om enn på litt seinere tidspunkt enn i Varanger. Hus av Gressbakken-typen er registrert så langt vest som Slettnes på Sørøya, men undersøkelsene har hittil vært konsentrert til Varanger. Lokaliteten Iversfjord på Nordkynhalvøya er noe usikker med hensyn til type hus, men noen av husene (husrekken 17–20) har en form som minner om Gressbakken-hus. Alle 14-C-dateringene av husene ligger seinere enn 2200 f.Kr., så det er vanskelig å si om det også her har funnet sted en tilsvarende endring som den vi har belagt fra Varanger, fra mindre til større hus (E. Helskog 1983:55). Den store frittliggende møddingen, som ifølge E. Helskog viste en helårig ressursutnyttelse, er 14-C-datert til første halvdel av periode III (3000–2400 f.Kr.) (E. Helskog 1983:55). Den er altså eldre enn de 14-C-daterte tuftene, og synes å ha vært i bruk relativt lenge (600 år). Dette gjør det problematisk å bruke det osteologiske materialet fra Iversfjord som grunnlag for analyser av sesongopphold og bosetningsmønster (E. Helskog 1983:147–150).

Lenger vest, på Sørøya, har Andreassen (1985, 1989) vist at det skjer en overgang fra mindre hus med ett ildsted til større hus med todelt ildsted omkring 2000 f.Kr. Disse større husene har tilnærmet samme gulvareal som Gressbakken-husene, men bortsett fra ildstedene mangler de mange av de sistnevnte husenes morfologiske trekk. Dette gjelder de klart markerte utgangene, de kraftige vollene og den dype forsenkningen av gulvnivået samt de store møddingene i forkant. Likevel vitner konstruksjonen, blant annet spor etter stolpehull, om svært solide hus. Dette, i kombinasjon med husenes varierte inventar og Sørøyas ressursmessige potensial, gjør at Andreassen (1985:236, 1989) ender opp med å foreslå en sedentær bosetning på linje med den man hadde i Varanger. De arkeologiske undersøkelsene på Slettnes synes å kunne støtte opp om denne hypotesen (Damm m.fl. 1993; Olsen 1993).

Det ser imidlertid ut til at Andreassen er villig til å akseptere at Sørøya har hatt en sedentær bosetning også tidligere i yngre steinalder (Andreassen 1985:233–238). Som jeg har argumentert for over, har dette etter min oppfatning ikke vært tilfellet, verken for periode I eller II. Derimot er det mulig at de mindre husene fra den eldre delen av periode III kan representere en betydelig grad av sedentaritet (se Simonsens forslag over).

I siste halvdel av periode III får vi et noe bedre datatilfang fra innlandet enn hva tilfellet var for den foregående perioden. 14-C-dateringer av ildsteder fra lokaliteten Gasadatnjárga ved Jiesjávri viser at dette området av Finnmarksvidda var i bruk omkring 2800 f.Kr. (E. Helskog 1978, 1983:74). Materialet fra denne lokaliteten, blant annet tekstilkeramikk og flatehogde spisser med rett eller konkav basis, må imidlertid forklares ut fra den mer intensive utnyttelsen av innlandet i tidlig metalltid, noe to andre 14-C-dateringer fra denne lokaliteten også peker i retning av. Som dateringene fra Virdnejávri 112 tyder på, synes denne økte bruken å ha tatt til omkring 2000 f.Kr. (Hood og Olsen 1988).

Mens lokaliteter som Gasadatnjárga og de ved Virdnejávri sannsynligvis representerer spor etter mobile innlandsgrupper, kan boplassen Ala-Jalve på finsk side av Storfossen i Tanaelva være sommer-/høst-fiskeplass for så vel semisedentære kystgrupper (både i Tanafjorden og Varangerfjorden) som mer mobile grupper med sesongflyttemønster tilknyttet dette vassdraget. Boplassen er 14-C-datert til første halvdel av periode III, men hovedtyngden av materialet er noe seinere, trolig rundt 2000 f.Kr. (Rankama 1986:31). Storfossen er en av de desidert beste laksefiskeplassene i Tanaelva, og fisket her, sammen med villreinfangst (mange spisser ble funnet på boplassen), var trolig den ressursmessige bakgrunnen for sesongoppholdet på dette stedet (se også nedenfor).

OPPSUMMERING

Det som er sagt ovenfor, gir følgende bilde av bosetningen i Finnmark ved slutten av yngre steinalder: Langs kysten har vi sedentære eller semisedentære samfunn med en klar maritim ressursorientering. I innlandet har vi ingen indikasjoner på slik økt bofasthet, og det må regnes med relativt høy mobilitet her også i det følgende tidsrommet. Faktisk synes bosetningen i periode I i visse deler av innlandet (Pasvikdalen) å ha hatt en mer permanent karakter enn bosetningen seinere i yngre steinalder. Mens vi tidlig i yngre steinalder hadde klare indikasjoner på bosetningsmønster hvor man flyttet mellom kyst og innland, har vi få slike klare holdepunkter i siste del av yngre steinalder. Ved overgangen til tidlig metalltid ser vi derfor konturene av et scenario der bosetningen i Finnmark var preget av en nokså eksklusiv dikotomi mellom (semi)sedentære kystgrupper og mobile innlandsgrupper.

SOSIALE FORHOLD I YNGRE STEINALDER

Også når det gjelder samfunnsforholdene i yngre steinalder i Finnmark, har arbeidene til Gjessing (blant annet 1955, 1975) og Simonsen (blant annet 1972, 1979b) dannet grunnlag for den seinere arkeologiske debatten. Begge legger vekt på etnografiske analogier, hentet både fra den samiske siida og fra organisasjonsformene i andre sirkumpolare fangstsamfunn.

Sammenfattet går deres syn ut på at vi har å gjøre med egalitært organiserte samfunn hvor den territorielle «stammen» utgjør den største sosiale enheten. Stammen bor samlet på vinterboplassen, og har for øvrig tilhold innenfor et klart definert territorium med radius på 30–100 km (Simonsen 1972:164). Hver stamme har 130–150 individ, noe Simonsen hevder er maksimum for et egalitært samfunn (Simonsen 1979b:367). Overgangen fra Karlebotn-hus til Gressbakken-hus i siste del av yngre steinalder blir tolket som en endring fra hushold basert på kjernefamilien med ca. 5 individ pr. hus til en flerfamiliestruktur med ca. 12 individ pr. hus. Dette medfører ifølge Simonsen (1979b:367) ingen demografiske endringer, idet antall hus på vinterboplassen reduseres fra 20–30 Karlebotn-hus til 10–15 Gressbakken-hus. Samtidig med denne endringen i familiestrukturen skjer det også en viss sosial og økonomisk differensiering i samfunnene i yngre steinalder, nemlig i form av yrkesspesialisering. Ifølge Simonsen (1979b:472) får vi nå etablert profesjoner som sjaman, pottemaker, steinsmed og handelsmann.

Simonsens forslag om flerfamiliestruktur og økonomisk og religiøs differensiering har blitt brukt som en del av Renoufs argumentasjon for sosial kompleksitet i jeger-samler-fiskersamfunnene i Varanger i yngre steinalder (Renouf 1981, 1984, 1988, 1989). Hun legger særlig vekt på materialet fra periode III og fremhever i tillegg forhold som sedentaritet, befolkningsvekst, statusdifferensiering, inkludert en viss grad av formelt lederskap, spesialisert teknologi samt formaliserte stiluttrykk i beinornamentikken. Jeg skal komme tilbake til deler av hennes argumentasjon nedenfor.

I *periode I* av yngre steinalder er den materielle kulturen i Finnmark relativt ensartet: små hus eller åpne boplasser, en steinteknologi basert på flatehogging og kantretusjering (med piler med spiss basis som ledetype) og dominans av harde bergarter. Slipte skiferredskap er riktignok noe vanligere på kysten, men er også her funnet i mindre antall enn redskap av harde bergarter. Bosetningsmønsteret synes i all hovedsak å være preget av boplassmobilitet, og ulike varianter forekommer både langs kysten, i innlandet og mellom kyst og innland.

Det kamkeramiske komplekset i Sør-Varanger representerer imidlertid et viktig unntak fra dette uniforme redskapsmønsteret i periode I. Selv om de flatehogde redskapene som gjerne assosieres med dette komplekset, finnes over størstedelen av Finnmark, så har keramikken en svært avgrenset fordeling (figur 43). Dette er Säräisniemi 1-keramikk, og den består som regel av svært store, spissbunnede kar ornert med blant annet groper og kamstempel (figur 24). Det særegne er at den finnes nesten utelukkende øst for en linje mellom Varangerbotn og Haparanda i bunnen av Bottenvika. De funnene av kamkeramiske boplasser som nylig er gjort i Sverige, endrer lite på dette bildet, ettersom de alle ligger i Kalix älvdal, bare ca. 50 km fra finskegrensen (E. Baudou 1993:64, 69–71).

I Varanger kommer dette skillet til uttrykk ved kamkeramiske boplasser på sørsiden av fjorden og i Pasvikdalen og ikke-keramiske boplasser på nordsiden av Varangerfjorden (figur 43). Hvordan skal vi tolke denne forskjellen? Jeg finner det lite rimelig at en slik keramisk grense kan knyttes utelukkende til ulikheter i økonomisk praksis. Dersom Säräisniemi 1-keramikken ikke hadde sosiokulturell betydning gjennom å virke sosialt definerende på brukerne, kunne man ventet at mengden keramikk avtok dess nærmere man kom det ikke-keramiske området, og at grensen

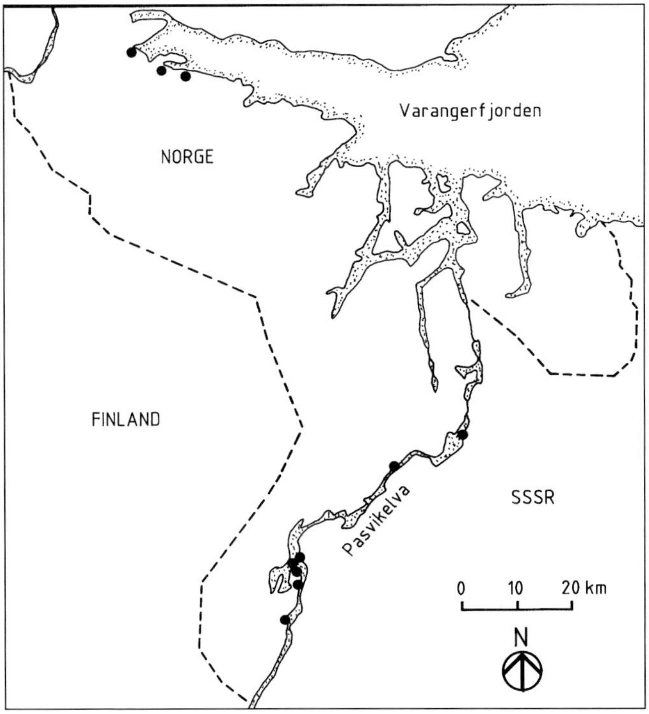

Figur 43. Fordelingen av boplasser med kamkeramikk i Varanger-området. Dette er også de eneste kjente kamkeramiske boplassene i Finnmark (og Norge). Boplassen mellom Nordli og «Lossoas hus» innerst i Varangerfjorden heter Reppen. Denne boplassen er ikke undersøkt eller publisert, men det er gjort løsfunn av Säräisniemi I-keramikk her.

således ikke var særlig skarp. Det som imidlertid er bemerkelsesverdig, er at det på både Nordli og «Lossoas hus», som er de nordvestligste kamkeramiske lokalitetene (det vil si de som ligger nærmest det ikke-keramiske området), er funnet mye keramikk, også sammenlignet med flere av innlandsboplassene. Dette blir ikke mindre bemerkelsesverdig dersom min tolkning av disse boplassene som relativt kortvarige sesongboplasser er riktig. Etter min oppfatning må derfor kamkeramikken ha hatt en klart sosialt definerende funksjon i samhandlingen mellom innlands- og kyst-innlandsgruppene på sørsiden av Varangerfjorden og de kystbaserte gruppene på nordsiden. Dersom det virkelig var sånn, kan innlandsgruppenes ønske om å markere sin rett til også å utnytte kystressurser ha medført aktiv bruk av kamkeramikken nettopp i grensesonen. Ofte er det slik at gruppeidentitet blir sterkest signalisert i kontaktsoner, og særlig der grupper konkurrerer om ressurser, blir det viktig å markere territorielle rettigheter (Hodder 1982).

Vi kan i denne sammenheng merke oss en røysgrav på Gropbakkeengen noen hundre meter øst for hovedboplassområdet på Nordli (figur 44). Ved utgravningen av den ble det funnet spor av et skjelett i hocker-stilling, en flatehogd spiss med spiss basis og et stykke tilskåret kvalbein (Simonsen 1961:182). Ifølge en seinere beskrivelse av funnet skal pilen ha sittet i den dødes rygg og altså være dødsårsaken (Simonsen 1979b:389), men den originale beskrivelsen (Simonsen 1961) omtaler pilen som en gravgave (figur 45). Pilen viser imidlertid at graven er eldre enn

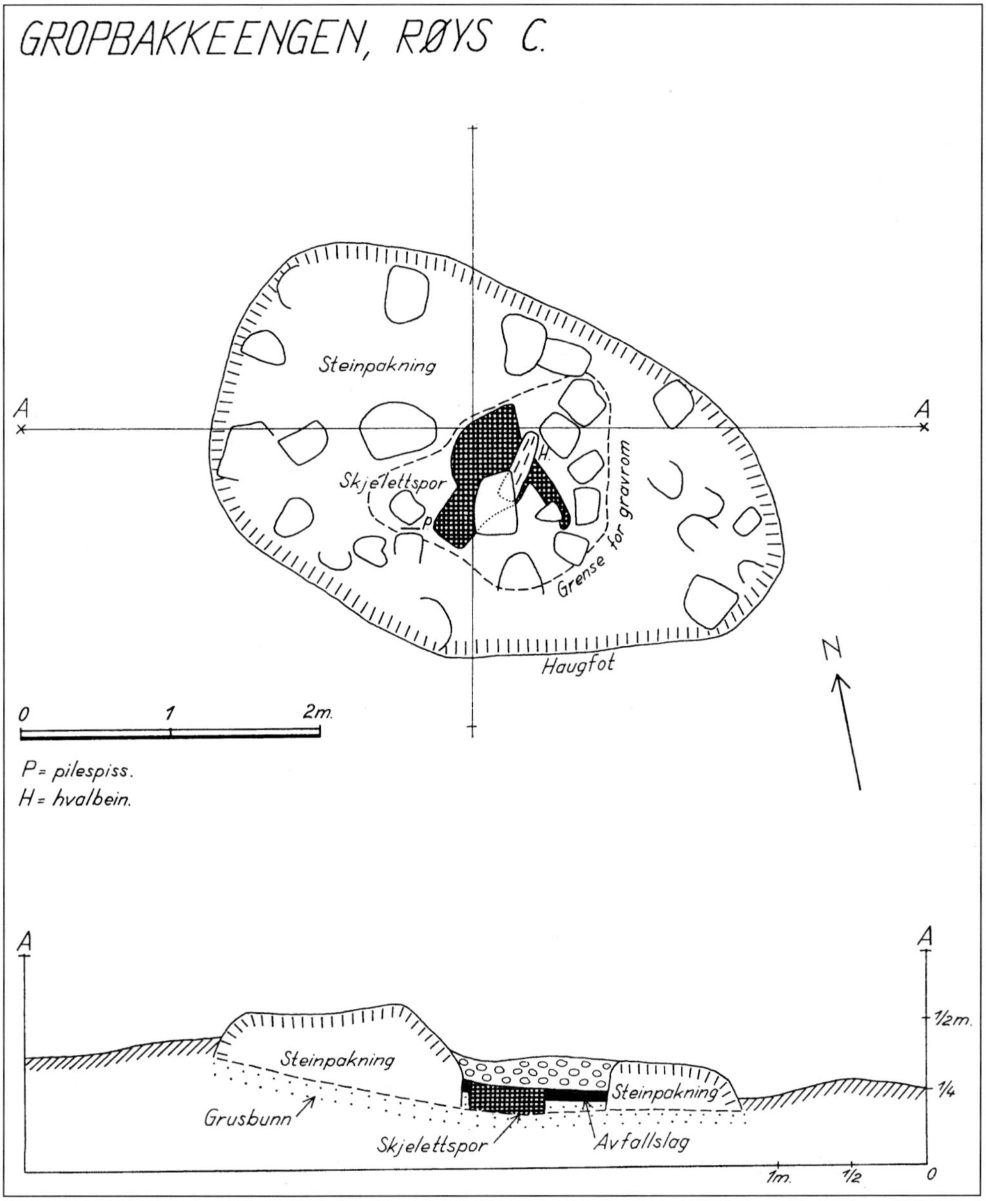

Figur 44. Plantegning av utgravd gravrøys på Gropbakkeengen, Karlebotn (etter Simonsen 1961). For nærmere lokalisering, se figur 38.

Figur 45. Flatehogd pil med spiss basis funnet i grava på Gropbakkeengen.

boplassen på Gropbakkeengen og samtidig med Nordli. Graven kan ha vært anlagt som en markering av den kamkeramiske gruppens krav på adgang til dette området, eller den kan etter hvert ha blitt tillagt slik status som territoriell markør. Fraværet av kamkeramikk i selve graven åpner imidlertid også for alternative tolkninger, for eksempel at den ut fra tilsvarende motiv er anlagt av de ikke-keramiske samfunnene på nordsiden av fjorden. Dersom pilen virkelig satt i den dødes rygg, kan det også indikere fysisk strid mellom gruppene.

Det hører ikke til intensjonene med dette arbeidet å gjøre noen nærmere analyse av det tidlige kamkeramiske komplekset i Varanger. Jeg skal likevel peke på en del forhold som fortjener nærmere studier. De store hustuftene i Øvre Pasvik, av og til med doble ildsteder, viser forekomster av strukturer som vi skal over tusen år lenger frem i tid for å finne tilsvarende til ved kysten. I tillegg til kamkeramikken er det på en av boplassene fra periode I i Pasvik (Haugen, Noatun) funnet mange fragment av terrakottafigurer, angivelig formgitt som både mennesker og dyr (Simonsen 1963:12–16, Renouf 1981:116). Säräisniemi 1-keramikkens utbredelse i det nordøstlige Fennoskandia viser dessuten til felles normer for formgiving og ornamentering over et større område. Alt dette vitner om sosiale formasjoner og rituell aktivitet som vi ikke har tilsvarende belegg for i kystområdene på denne tida. Vi skal derfor være forsiktig med å knytte hypoteser om «kompleksitet» i sosial og rituell praksis til sedentære kystsamfunn alene.

I Finnmark for øvrig er det som nevnt en relativt ensartet materiell kultur i periode I. Spisser og andre flatehogde redskapstyper finnes både i det ikke-keramiske og det kamkeramiske området. Dette kan ha bidratt til å nedtone de foreslåtte forskjellene mellom gruppene, og på dette vis ha dannet basis for samhandling og transaksjoner mellom (de etniske?) gruppene i disse to områdene. Det materialet vi har fra Finnmarksvidda, er svært spinkelt, men dersom funn av flatehogde spisser av periode I-type fra Sávčču (Simonsen 1987), Guosmarjávri og Kautokeino gir et representativt bilde, tyder det på likhet med den materielle kulturen i kystområdene. Hvis vi antar at bosetningsmønster basert på flyttinger mellom kyst og innland var vanlige i denne perioden, slik det ble antydet over, kan uniformiteten sees som uttrykk for underkommunisering av territorielle grenser for å gi gjensidig adgang til henholdsvis kyst og innland.

I Vest-Finnmark kan helleristningene i Alta også tolkes inn i dette scenarioet

(Hood 1988b, Andreassen 1989). Som jeg har argumentert for over, kan de eldste ristningene være fra siste fase av eldre steinalder. Forskjellene i bosetningsmønster og økonomiske strategier mellom fase III av eldre steinalder og periode I av yngre steinalder synes å være små, og helleristningene kan derfor også i denne sistnevnte perioden tolkes som symbolske uttrykk for sosiale relasjoner mellom kyst- og innlandsgruppene (se kapittel 3).

K. Helskog deler ristningene i Alta inn i fire kronologiske faser. Fase 1 daterer han til 5500–5000 BP (1983:16), men ristningene her kan, som jeg har argumentert for over, ha vært produsert til ulike tider mellom 7000 og 5000 BP (kapittel 3). En del av fase II-ristningene (5000–4200 BP) kan også være litt eldre enn antatt og ha blitt produsert i periode I av yngre steinalder. Som tidligere nevnt kan kombinasjonen av landdyr og maritime elementer (båt, kveite) tolkes som metaforiske uttrykk for solidaritet og gjensidig avhengighet mellom kyst og innland. Det er for øvrig interessant hvor mange scener som viser samarbeid om jakt på landdyr som elg, rein og bjørn på de eldste ristningene i Alta (Helskog 1983, 1988). Også denne fokuseringen på fellesskap og kollektive aktiviteter kan være uttrykk for solidaritet mellom kyst- og innlandsgrupper. Man fokuserer på nødvendigheten av samarbeid

Figur 46. Helleristninger fra den eldste fasen i Hjemmeluft, Alta (etter K. Helskog 1988). Scenen(e) viser blant annet kollektiv fangst av rein, elg og bjørn. Innhegningen kan tolkes som et fangstgjerde for villrein.

mellom flere parter for å makte større oppgaver (figur 46). Det forhold at det er en klar overvekt av landdyr som er avbildet på disse scenene, gjør det imidlertid også mulig å tolke dem som uttrykk for en mer manipulativ strategi fra kystgruppenes side. Formålet med denne var da eventuelt at «coastal groups could overcome spatial inequalities in access to reindeer during the fall by contriving land mammal depiction» (Hood 1992:317).

I *periode II* forsvinner kamkeramikken fra Varanger-området. Materialet fra innlandet blir langt fattigere, noe som særlig merkes for Pasvikdalen, hvor det var store boplasser i periode I. Jeg har fremsatt en hypotese om at dette kan skyldes en omlegging av bosetningsmønsteret i periode II. Grupper som tidligere flyttet mellom kyst (vår/sommer) og innland (høst/vinter), kan nå ha orientert seg mer mot maritime ressurser, og etablert seg på kysten en større del av året. Boplasser som Gropbakkeengen kan være resultat av en slik spesialisering. Dersom dette er riktig, kan det gi en interessant forklaring på hvorfor kamkeramikken forsvinner fra veidesamfunnene i Varanger ved overgangen til periode II.

Kamkeramikken av Säräisniemi 1-type var knyttet til innlandsgrupper som sesongvis flyttet til kystområdene. Jeg har argumentert for at denne keramikken var sosialt definerende for disse gruppene, og at den også ble brukt aktivt til å markere deres rettigheter i kystområdene, hvor andre, ikke-keramiske grupper holdt til. En restrukturering av bosetningsmønsteret, hvor de tidligere kamkeramiske gruppene forsøker å etablere lengre opphold på kysten (om ikke på helårig basis), kan ha medført fare for konflikter med den opprinnelige kystbefolkningen. En oppgivelse av keramikken og etablering av samme livsform og samme materielle kultur som hos befolkningen i det området man flyttet til, kan derfor ha vært de tidligere kamkeramikernes løsning på dette problemet.

Fra periode II er det mange store boplasser på kysten av Finnmark, men større undersøkelser er bare foretatt på boplasser i Varanger og på Sørøya. To av disse boplassene, Gropbakkeengen (figur 47) og Slettnes, hadde et inventar som viser klar økonomisk spesialisering på fangst av sel og kval. Til støtte for dette kan jeg nevne funn av sel- og kvalbein i en mødding på Gropbakkeengen (H. Olsen u.å.) samt at et eksemplar av den lange og slanke Pyhensilta-spissen, som er så vanlig på disse boplassene, er tatt opp med trål fra bunnen av Varangerfjorden (Gjessing 1942). Dette tyder på at denne spisstypen er benyttet til maritim fangst fra båt.

Utover inventaret har Slettnes og Gropbakkeengen det fellestrekk at de har mange tufter fra periode II. Dersom man antar at en sesongboplass som Gropbakkeengen kan ha hatt 10–15 samtidig bebodde tufter, noe heller ikke K. Helskog (1984) finner usannsynlig, så betyr det i realiteten at tilnærmet alle husholdene (eller representanter for alle husholdene) i «bandet» må ha bodd her samtidig. Dette kan tyde på at det har vært en kollektiv fangstorganisering som har krevd samarbeid mellom flere hushold. Hvorvidt det også har medført etablering av lederskap på linje med

Figur 47. Boplassen Gropbakkeengen i Karlebotn. Hustuftene tegner seg som rekker av (mørke) forsenkninger langs strandterrassen.

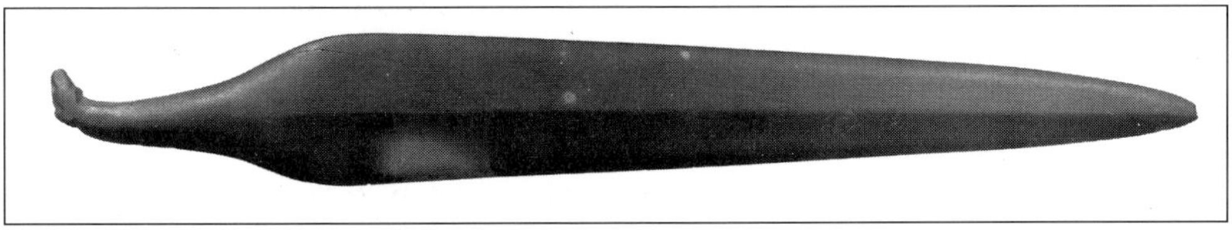

Figur 48. Dyrehodedolk i skifer fra Sirdagohpi, øst for Gropbakkeengen. Dyrehodet i skaftavslutningen fremstiller hodet av en elg.

inuitenes «umeliak», gir materialet fra de to boplassene ikke noe entydig svar på. Noen hus på Gropbakkeengen har betydelig flere kniver og spisser enn andre (Simonsen 1961:188–189), og dette kunne antyde en viss differensiering med hensyn til hvem som hadde ressurser og autoritet til å utruste jaktlag. I denne sammenheng kan også nevnes den usedvanlig vakre dyrehodedolken som ble funnet på Sirdagohpi like øst for Gropbakkeengen (figur 48). Dolken, som er laget av rød skifer med grønne pletter, har en elghodeskulptur som skaftavslutning, og det ville være rimelig å oppfatte den som et statussymbol. Manglende informasjon om hvilken kontekst den ble funnet i (for eksempel grav, hus eller mødding), gjør det likevel vanskelig å relatere dolken til en reell sosial gradering. Forekomsten av tre røysgraver på Gropbakkeengen kunne kanskje også tyde på en viss sosial differensiering. Vi må nemlig anta at mer enn tre personer døde i løpet av boplassens brukstid, og at røysgravene følgelig representerer en gravform som ikke ble alle til del. Imidlertid hadde bare en av gravene daterbart materiale, og dette tilhørte som nevnt periode I.

I periode II blir det en betydelig forskjell i den materielle kulturen mellom kyst og innland, ved at skiferen blir det dominerende steinråstoff på kysten. Selv om materialet fra innlandet er svært sparsomt, kan skiferbruken umulig ha vært like vanlig her. Grunnen er at vi i så fall ville hatt langt flere daterbare funn fra periode II. Dette bekreftes av materialet fra den store lokaliteten på terrassen ved Sávčču i Alta-Kautokeino-vassdraget, en lokalitet som synes å ha vært gjenbrukt fra eldre steinalder til samisk jernalder (Simonsen 1987). Også her er andelen av skifer forsvinnende liten. Likheten i materiell kultur mellom kyst og innland i periode I og siste del av eldre steinalder er nå definitivt over, og kontrastene i økonomi og bosetning blir mye klarere. Flyttinger mellom kyst og innland synes dessuten å bli mindre vanlig. Det kan tyde på strengere territorielle avgrensninger, med mer eksklusive bosetningssystem på kysten og i innlandet. En del av skifergjenstandene kan ha vært sosialt definerende for kystgruppene og således begrenset innlandsgruppenes bruk av disse typene. I så fall kan ikke økonomiske forhold alene forklare en mindre utstrakt bruk av skifer i innlandet.

Det er i denne forbindelse interessant at helleristningsfeltene som er antatt å tilhøre Helskogs fase II i Alta (3600–2700 f.Kr.), mangler de scenene med kooperativ jakt på landdyr som var så vanlige i de eldste ristningene. I tillegg blir båtmotiv langt vanligere i ristningene fra denne fasen (K. Helskog 1983:20, 1988). Det kan tolkes som at ristningene i denne fasen i mindre grad var symbolske uttrykk for sosiale og økonomiske relasjoner mellom kyst og innland, og at de mer var knyttet til den sosiale konteksten internt i kystsamfunnene. Hvis dette er riktig, kan det være verd å merke seg at mens menneskefigurene i båtene fra den eldste fasen er avtegnet som strekfigurer av likt utseende, så er ofte én eller to personer markert som større og mer aktive (av og til med redskap i hånden) blant mannskapet i båtene fra fase II (figur 49). Det kan styrke antagelsen av at det fantes en lederfunksjon i tilknytning til organiseringen av den maritime fangsten, som omtalt over. Når dette er sagt, skal det også sies at båtene har elghoder i denne fasen òg, og at overristninger mellom for eksempel kveite og elg fortsatt forekommer; det vil si element som jeg tidligere har tolket som uttrykk for etterstrebede sosioøkonomiske relasjoner mellom kyst og innland. Likevel synes helleristningene fra fase II i Alta i mindre grad enn tidligere å være utrykk for «forhandlinger» mellom kyst- og innlandsgrupper. Det behøver ikke å bety at relasjonene mellom kyst og innland ikke var viktige; tvert om kan det vitne om at de var institusjonalisert i en slik grad at de ikke trengte bekreftelse gjennom et symbolsk medium (sml. Hesjedal 1991).

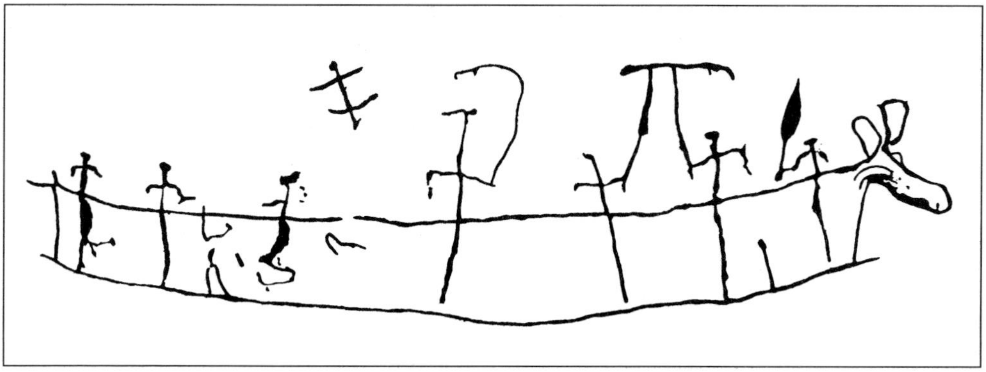

Figur 49. Helleristning av båt og mannskap datert til perioden 3600–2700 f.Kr. fra Hjemmeluft, Alta (etter K. Helskog 1988).

I *periode III* får vi fremveksten av sedentære eller semisedentære samfunn på Finnmarkskysten. Dette er samfunn som enkelte arkeologer har pekt ut som sosialt «komplekse» (Renouf 1981, 1984, 1989; se også Olsen 1984:211–212), en tolkning andre arkeologer har reist mange innvendinger mot (Hood 1992). Jeg skal i det følgende legge frem forslag til en samfunnstolkning, og skal også her ta utgangspunkt i det arkeologiske materialet fra Varanger.

I Varanger-området får vi i midten av periode III en overgang fra hus av Nyelv-typen til Gressbakken-hus. Begge antas å representere semisedentære bosetninger, men både boligenes størrelse og antallet tufter og boplasser øker i Gressbakkenfasen. Jeg tolker dette som uttrykk for en høyere befolkningstetthet i siste del av periode III, og mener at folkemengden i Varanger på dette tidspunkt overstiger det den har vært noen gang tidligere. Denne antagelsen styrkes ved at Gressbakkentuftene kun var i bruk en avgrenset periode, maksimalt fra 2400 til 1800 f.Kr. Faktisk ligger samtlige 14-C-dateringer av disse tuftene i Varanger svært samlet omkring 2000 f.Kr. Økningen i folketallet kan skyldes redusert mobilitet i periode III. Opphør av sesongvise flyttinger kan ha resultert i flere fødsler og i at flere barn overlever de kritiske første leveår (Harris 1977). Imidlertid kan også «sosiale» variabler, som et bevisst ønske om å utvide husholdet som produksjonsenhet, ha medvirket til befolkningsøkning.

Gressbakken-tuftene i Varanger fordeler seg på to områder (figur 50). Det første området omfatter strekningen fra Vadsø til Nyelv, det vil si det indre av Varangerfjord-området. Østover fra Nyelv må vi helt til Bugøyfjord før vi på ny får boplasser med Gressbakken-tufter. Her begynner det andre området. Fra Bugøyfjord til Bøkfjord er det en rekke slike boplasser, mens det lenger øst i Sør-Varanger ikke er registrert tufter av denne type (K. Schanche, personlig kommentar). Det er er også

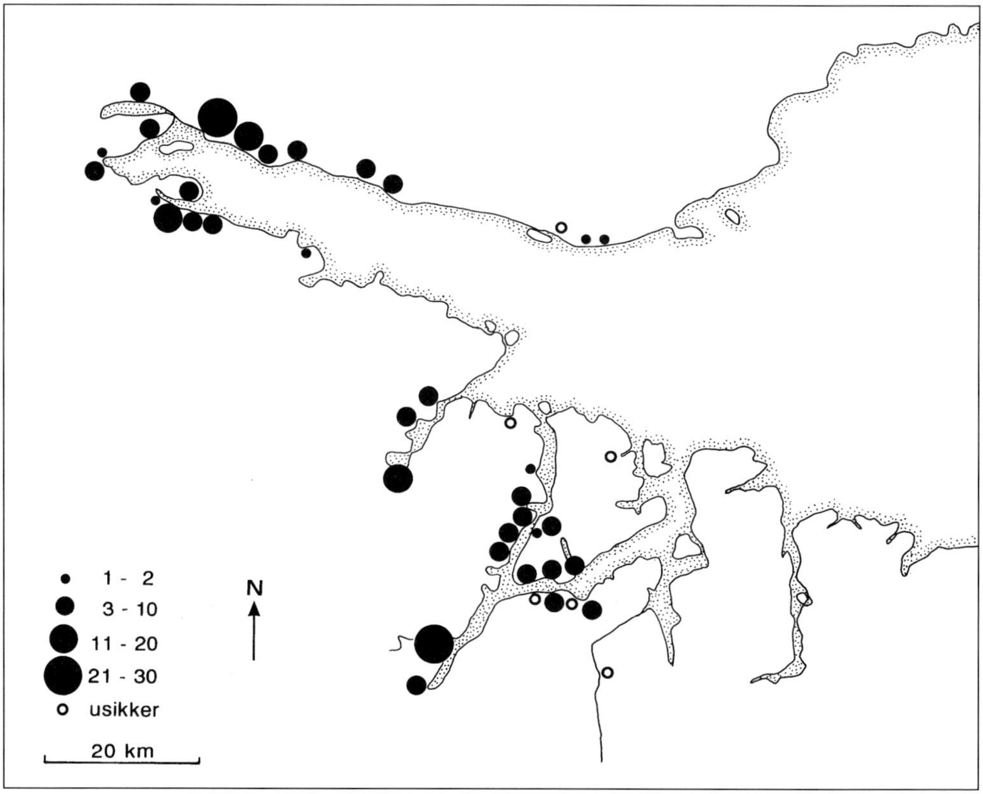

Figur 50. Fordelingen av boplasser med Gressbakken-tufter i Varanger (etter K. Schanche u.å.). Legg merke til hvordan de største boplassene ligger nær fjordbunnene.

verd å merke seg at de største boplassene ligger sentralt plassert innenfor disse to bosetningsområdene. Denne distribusjonen, med to klart avgrensede bosetningsområder, vitner om en markert *territorialitet.* Opplysninger om Gressbakken-tufter langs kysten østover fra Fiskerhalvøya på Kola (Tanner 1928, V. Shumkin, personlig kommentar), kan tyde på at vi her har å gjøre med et tredje territorium.

I siste halvdel av periode III kan vi dermed ha hatt sedentære samfunn som var organisert i en form for landsbyer eller grender (Andreassen 1985:9–11) innenfor klart definerte territorier. Grendene har vært sammensatt av en gruppe hushold, som igjen var sammenslutninger av minimum to familier. Dette gir en sosial organisering på tre nivå: a) et hushold bestående av minimum to familier, b) en boplass/ei grend bestående at fem–ti hushold og c) en territoriell gruppe bestående av et visst antall (fem–ti?) boplasser. Det er mulig at grendesamfunnene har vært relativt selvforsynte, men utveksling av produkt mellom dem kan ha muliggjort en viss grad av økonomisk spesialisering innenfor hvert territorium. Dessverre foreligger det ennå ikke tilstrekkelig med data til at man kan etterprøve en slik hypotese.

Når det gjelder forholdene internt i ei slik grend, har vi bedre holdepunkter i materialet fra de store undersøkelsene på Nyelv og Gressbakken Nedre Vest (Simonsen 1961, Renouf 1981, 1989). Jeg skal i det følgende argumentere for at (i) disse samfunnene er sosialt differensierte, og at (ii) trekk ved den materielle kulturen kan relateres til interne sosiale konflikter blant annet som følge av denne differensieringen. Jeg vil imidlertid ikke knytte begrepet sosial differensiering ensidig til hierarkiserte statusforskjeller. Rivalisering om makt og innflytelse forekommer på flere plan, blant annet mellom menn og kvinner, mellom hushold og mellom eventuelle ledere for slike.

Hvilke trekk er det så ved det arkeologiske materialet fra periode III i Varanger som kan relateres til en eventuell sosial differensiering og konflikter internt i samfunnet?

Selv om vi kjenner enkelte eksempler på gravlegging også fra periode I i Varanger, blir begravelser på eller ved boplassene langt vanligere i periode III. I nærheten av tuftene kan det ligge en–tre røyser, 3–4 m i diameter og inntil 0,5 m høye (figur 51). Det finnes også eksempler på regulære gravlegginger i møddinger (Nyelv) samt i gulvet på Gressbakken-hus (Advik) (Simonsen 1961, 1979b). Et skjelett nedgravd i

Figur 51. Gravrøys fra Advik, Varanger. Bildet er tatt av Povl Simonsen da han undersøkte grava i 1954.

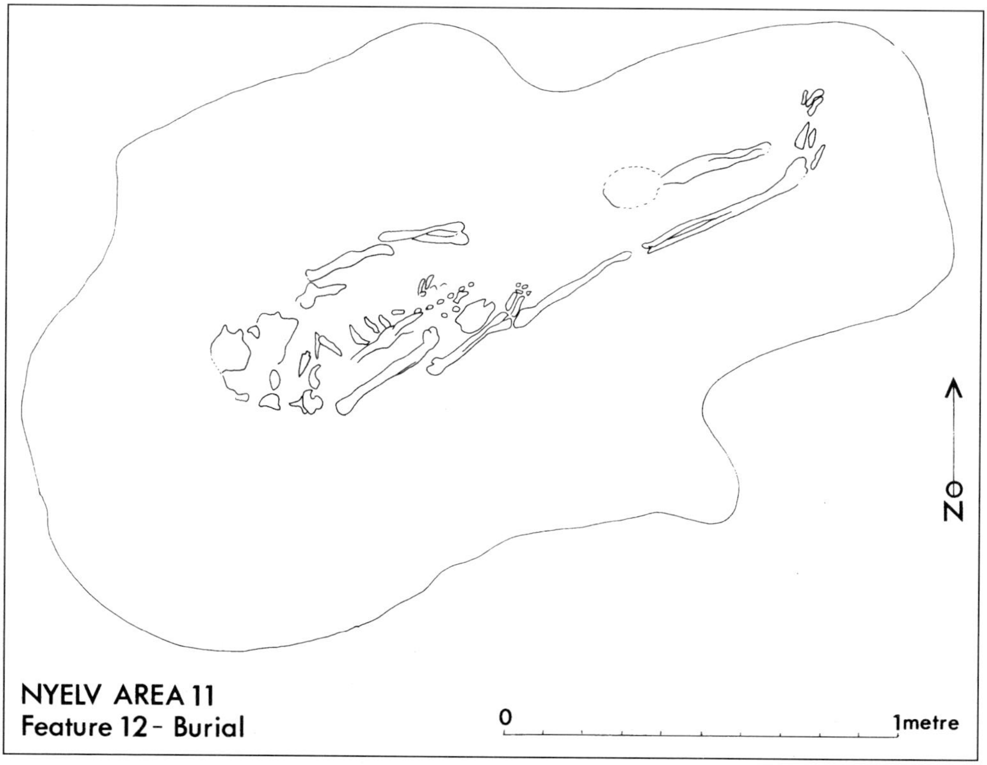

Figur 52. Plantegning av skjellett funnet gravlagt i en mødding på Nyelv Nedre Vest. Skjelettet er 14-C-datert til ca. 3000 f.Kr..

en mødding på Nyelv ble 14-C-datert til ca. 3000 f.Kr., og i skjelettet satt det en beinpil mellom ribbeinene (Renouf 1981:144–145) (figur 52). I tillegg er det funnet skjelettrester av til sammen elleve individ (blant annet to kranier) i møddingene foran fire av husene på Gressbakken Nedre Vest (Torgersen m.fl.1959:26, Simonsen 1979b:392). Det er gravd i åtte hus på denne boplassen, men flere av undersøkelsene er svært begrenset (Simonsen 1961:272), og menneskebein i møddingene kan derfor være enda vanligere enn det materialet vi allerede har, tyder på.

Kontrasten mellom røysbegravelser og møddingbegravelser er av Renouf (1981:225, 1989:99–100) tatt som indikasjon på statusdifferensiering i samfunnet. Hood (1992:57) avviser dette ut fra at vi ikke kan vite om røysbegravelser var mer prominent enn andre begravelser, og ut fra at det er liten statusmarkering i form av gravgaver. Dette er relevante innvendinger, men det forhold at det er få røysgraver (og få graver generelt på boplassene), tyder på at bare noen utvalgte individ fikk en slik begravelse. Utvelgelsen kan meget vel være knyttet til den dødes sosiale posisjon i samfunnet.

Dersom det fantes statusdifferensiering, kan den ha vært betinget av økonomisk

Figur 53. Menneskefigurer av bein fra Karlebotn. Figurene ble funnet i møddingen foran ei Gressbakkentuft.

og sosialt lederskap, men også av rituell eller religiøs spesialisering. I det arkeologiske materialet er det visse indikasjoner på at også det siste kan være tilfellet. I beinmaterialet fra periode III i Varanger finnes mange skulpturer av dyr (ofte fugler), og særlig interessant er det at vi nå også får eksempler på menneskeskulpturer (figur 53). Samtlige av den siste typen er for øvrig funnet i Gressbakken-tufter (Schanche 1989). Forekomst av menneske- og fuglefigurer kan peke i retning av at det i denne perioden finner sted en religiøs spesialisering i form av sjamanisme (figur 54, se også figur 33). Fra etnografiske beskrivelser vet vi at sjamanens hjelpeånder ofte er fremstilt som fugler, og sjamanen opptrer gjerne utkledd som en fugl (Hultkrantz 1978). Interessante paralleller til dette forekommer i ristningene fra fase III i Alta (Helskog 1988, Hesjedal 1991:207), noe jeg skal komme tilbake til nedenfor.

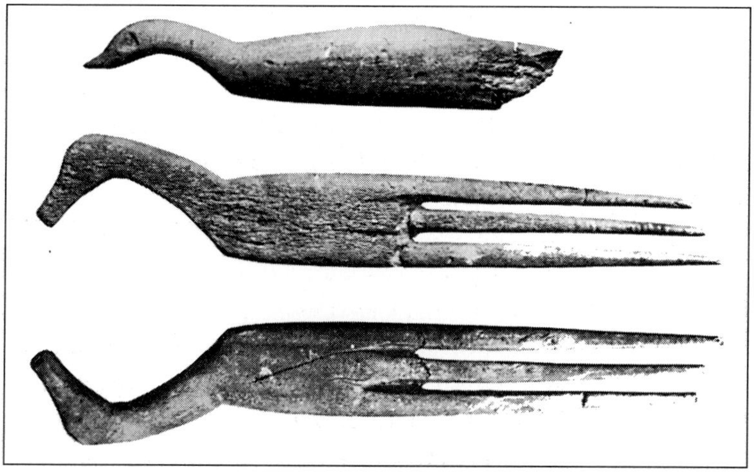

Figur 54. Beinkammer med fuglehoder fra Nyelv Nedre Vest (etter A. Nummedal 1938).

Et annet trekk som kan relateres til sosial differensiering og interne konflikter, er ornamentikken på beinredskap. Som nevnt er dette et karakteristisk trekk for periode III av yngre steinalder. I første halvdel av denne perioden er ornering på beinredskap mindre vanlig, og ornamentene består av relativt enkle komposisjoner, blant annet punktsirkler. I Gressbakken-fasen (2400–1800) blir ornering mye mer utbredt, og vi får nye stiluttrykk (figur 33 og 34). Jeg har tidligere (Olsen 1984:211–212) satt denne markert økte symbolismen i forbindelse med internt «stress» i Gressbakken-samfunnene. Dette «stresset» ble antatt å være resultat av en skjerpet sosial konkurranse der husholdene (hvert Gressbakken-hus) utgjorde relativt autonome interessegrupper. Jeg tror fortsatt at den økte symbolproduksjonen er knyttet til interne sosiale konflikter, men, som Hood ganske riktig anmerker i en kritisk kommentar, «the linkage between «stress» and symbol production remains at a superficial and mechanical level, with little justification as to why bone tool decoration should be the vehicle of stress management» (Hood 1992:58). Med basis i en analyse utført av Elin Myrvoll (1992) skal jeg derfor peke på en del relevante sammenhenger mellom stil og samfunn.

Grovt sett kan ornamentikken fra Gressbakken-fasen sies å være komponert etter to formelle regler, som baserer seg på henholdsvis symmetri og asymmetri. *Symmetrisk* ornamentikk forekommer i form av enkel strekdekor blant annet på tangepartiet til en del beinharpuner (figur 55). Disse redskapene assosierer Myrvoll med menn, og hun betrakter slik ornamentikk som en form for eiermerker som skal kunne identifisere byttet med jegeren. Det er klart at dekorerte fangstvåpen er svært sjeldne i forhold til mengden av udekorerte, og de kan derfor settes i forbindelse med statusforskjeller mellom jegere (det vil si sosial asymmetri). På denne måten kan den symmetriske ornamentikken sies å tilsløre asymmetriske sosiale relasjoner i samfunnet. *Asymmetrisk* ornamentikk forekommer på kammer, prener, hengesmykker og andre gjenstander som Myrvoll assosierer med kvinner. Det spesielle ved denne ornamentikken er, som Myrvoll påviser, ikke først og fremst at den er kompleks og dekker store flater av gjenstanden, men at den spiller bevisst på forholdet mellom asymmetri og symmetri. Ved første øyekast virker den symmetrisk, men nærmere gransking viser at den tilsynelatende symmetrien konsekvent er brutt opp med avvikende linjer slik at komposisjonen som helhet blir asymmetrisk (figur 56). Sannsynligvis er dette ikke tilfeldige utslag av feiltegning (det ville vært enklere å

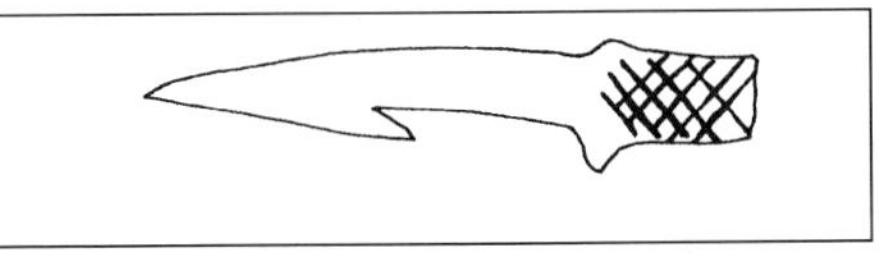

Figur 55. Beinharpuner med ornerte tanger fra Gressbakken Nedre Vest (etter E. Myrvoll 1992). Ornamentikken er enkelt komponert og opptrer symmetrisk på begge sider av tangen.

fullføre en symmetrisk komposisjon), men en bevisst frembrakt tvetydighet ved hjelp av intrikate ornamentelle avvik. Denne ambivalensen i «kvinneornamentikken», mellom symmetri og asymmetri, relaterer Myrvoll til konflikter mellom kvinner og menn: gjennom ornamentikken opponerer kvinner mot menns forsøk på å dominere i samfunnet. Dette er et synspunkt som krever ytterligere argumentasjon, og jeg skal kort redegjøre for én mulig form for dominans.

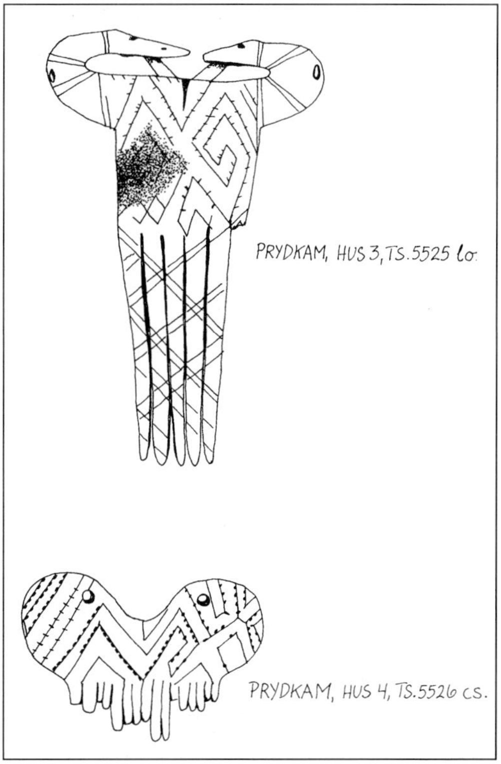

Figur 56. Ornerte beinkammer fra Gressbakken Nedre Vest (etter E. Myrvoll 1992). Den tilnærmet hele kammen er den samme som den avbildet på figur 33. Legg merke til hvordan symmetrien i beinfigurenes omriss (og i ornamentikkens hovedstruktur), brytes av asymmetriske element i ornamentikken.

Økingen av husholdsstørrelsen i periode III kan knyttes til enkelte jegeres ønske om å organisere større fangstgrupper for å øke produksjonen. Man kan i denne sammenheng merke seg det høye antallet av småkvalbein i materialet fra Gressbakken Nedre Vest (H. Olsen u.å., Renouf 1989:210). Kvalfangst fordrer dyktighet og relativt mange deltagere, og organiseringen av båtlag kan nødvendiggjøre en viss hierarkisering av arbeidsprosessen. Overskudd fra denne og annen produksjon kan ha blitt utnyttet som maktbasis for personer som ønsket å oppkaste seg til ledere (Hood 1992:286). Foruten å ha blitt distribuert til lokale tilhengere kan overskudd fra fangsten ha blitt kanalisert til eksterne utvekslingssystem. Importert prestisjegods kan ha tjent som statusobjekt for lederne samt ha blitt gitt som gaver for å verve nye tilhengere. Funnet av en kopperdolk i ei Gressbakken-tuft i Varanger (Schanche 1989), kanskje importert fra Karelen, kan tolkes inn i en slik sosial sammenheng. I denne forbindelse kan vi også nevne funn av importerte flintdolker og piler av sørskandinaviske typer fra denne perioden i Vest-Finnmark, samt ei mellomneolittisk båtøks (figur 57) funnet i Kobbholmfjorden i Sør-Varanger (Johansen 1979, Simonsen 1963:250–251).

Dersom vi tenker oss at det var visse kategorier menn som på dette vis søkte å oppnå dominans i samfunnet, kan asymmetrisk ornamentikk være et eksempel på

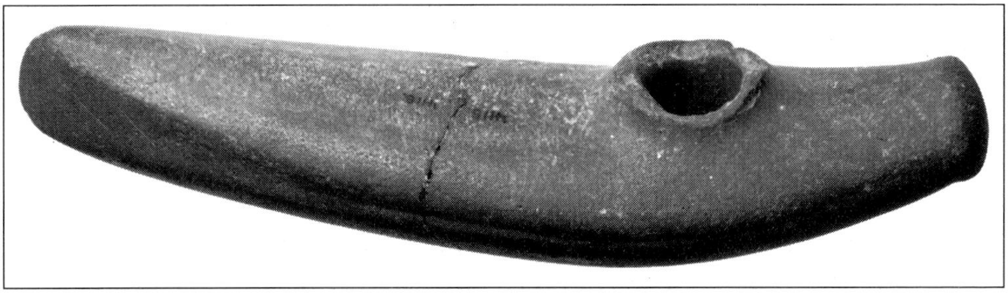

Figur 57. Båtøks av sørskandinavisk type funnet i Kobbholmfjorden, Sør-Varanger. Øksa er et løsfunn og ble levert inn til Tromsø Museum i 1939. I Sørskandinavia dateres disse øksene til perioden 2800–2400 f.Kr..

hvordan kvinner gjennom sin materielle kultur opponerte aktivt, viste motstand, mot mannsdominansen og andre maktstrukturer i samfunnet. Det asymmetriske uttrykket kan være valgt ut fra et ønske om å slå sprekker i den dominerende ideologi som gjennom formidling av egalitære (symmetriske) verdier maskerer asymmetriske maktforhold. Tvetydigheten i ornamentikken gjør den mindre angripelig, og derfor kanskje mer effektfull (Myrvoll 1992).

Jeg mener altså at det i det arkeologiske materialet fra periode III er belegg for å hevde at det var betydelig sosial differensiering i de semisedentære samfunnene i Varanger. Som følge av dette kan det ha oppstått intern uro i form av konflikter mellom kjønn, hushold og eventuelle ledere eller «spesialister». Konfliktene kan ha blitt forsterket av gnisninger fremkommet ved at mange mennesker bodde tett sammen over lang tid. Mange etnografiske studier viser nettopp at tendensen til vold og konflikter øker hos jeger-samlere som blir sedentære (Kent 1989). Det er også visse indikasjoner på vold og fysiske konflikter i materialet fra Nyelv og Gressbakken Nedre Vest. I den nevnte møddinggraven fra Nyelv er den døde drept av en beinpil (Renouf 1981:144–145), i en gravrøys på den samme lokaliteten ble det funnet et kranium med et hull i det høyre issebeinet (Torgersen m.fl. 1959:21). Hullet er tolket som spor etter et kirurgisk inngrep, det vil si en trepanasjon, men kan like gjerne tolkes som et resultat av et slag mot hodet med en spiss gjenstand. Et kranie funnet i møddingen foran hus 3 på Gressbakken Nedre Vest har et brudd som også kan være forårsaket av slag med en spiss gjenstand (øks?) (figur 58). I en annen mødding ble det funnet deler av et kranium, og flere av de andre skjelettrestene fra denne lokaliteten har defekter som kan skyldes fysiske konfrontasjoner. Rent kildekritisk er det selvsagt problematisk å trekke for vidtrekkende slutninger av et så spinkelt materiale. Sett i lys av at det bevarte skjelettmaterialet er svært lite, er imidlertid andelen av skjelett som bærer preg av å være utsatt for vold, ikke usignifikant. Det er derfor mulig å se dette som en indikasjon på økende sosiale konflikter i disse samfunnene.

Figur 58. Kranie funnet i møddingen foran hus 3, Gressbakken Nedre Vest. Bildet er tatt av Povl Simonsen under utgravningen i 1956.

I mer mobile og løsere organiserte samfunn kan man lette trykket gjennom sesongmessig oppsplitting av gruppen, eller ved at de som er involvert i en konflikt, ganske enkelt forlater gruppen («voting with your feet»). I mer fasttømrede sosiale system, som jeg postulerer forekomsten av her, med strengere gruppetilhørighet og klare restriksjoner på bevegelser, må konflikter løses internt gjennom sosiale mekanismer, blant annet gjennom sanksjoner på atferd. Åpne konflikter med voldelig atferd, som vi altså også har indikasjoner på, er dårlige løsninger, for de forsterker konfliktene og kan true samfunnets reproduksjon. Konflikter og interne motsetninger må derfor forsøkes holdt i sjakk eller bli underkommunisert gjennom sosiale mekanismer. Finnes det indisier i det arkeologiske materialet fra Varanger på at dette skjer?

En ting vi her kan legge merke til, er utformingen og arrangeringen av Gressbakken-husene. Bolighusene på hver boplass er jevnt over like store, og de ligger på rekke med jevn innbyrdes avstand (figur 42). Inne i husene er ildstedene arrangert langs midten av husets lengdeakse, og utgangene er plassert midt på gavl- og langveggene (figur 41). Alt dette gir et inntrykk av symmetri, orden og egalitet, slik det også ble reprodusert i mennenes (?) ornamentikk. Organiseringen av boplassen står derfor i kontrast til den sosiale asymmetri – og kvinnenes (?) ornamentikk – og kan tolkes som et forsøk på å holde konfliktene under kontroll gjennom å maskere reelle motsetninger i samfunnet (Schanche 1988:188–193, 1989:68).

Et annet forhold det skal pekes på i denne sammenheng, er antallet innganger på disse husene. Gressbakken-husene har tre, av og til fire, utganger, et antall som vanskelig lar seg forklare ut fra praktiske hensyn alene. I stedet vil jeg hevde at inn-

Figur 59. Utgravning av møddingmateriale fra ei Gressbakkentuft i Karlebotn. Legg merke til det rike beinmaterialet. I samme møddingen ble det blant annet funnet en kopperdolk (figur 89) og to menneskefigurer av bein (figur 53).

gangene er forbundet med sosial kontroll og sanksjoner på atferd. Bygninger blir «lest med kroppen» (Olsen 1987b:73), man beveger seg inn og ut av dem, og bevegeligheten begrenses av husets inndeling og åpninger. Gjennom restriksjoner på hvem som kan sitte hvor og bruke hvilken inngang, bidrar huset til å objektivere kulturell og sosial praksis. Vi kjenner dette blant annet fra den tradisjonelle inndelingen av den samiske gammen, hvor det var klare restriksjoner på hvor kvinnene kunne sitte, og hvilken av de to inngangene de fikk bruke (Yates 1989). Jeg hevder derfor at inngangene på Gressbakken-husene var relatert til sosial kontroll og økende ritualisering av atferd. Det kunne for eksempel være slik at noen innganger var forbeholdt visse sosiale grupper og produkt knyttet til dem.

Det siste forholdet jeg skal peke på i denne sammenhengen, er møddingene i tilknytning til Gressbakken-husene (figur 59). I en artikkel skriver Kjersti Schanche følgende om dem (1989:67–68):

> (Men) er det riktig å betrakte møddingene kun som avfallsdynger (i vår betydning av ordet: et sted der man kaster søppel og ubrukelige ting)? En rekke funn fra utgravde

> møddinger burde åpne for andre tolkninger. Ofte finnes tilskjærte beingjenstander i uskadet stand; de ble altså ikke lagt eller kastet i møddingen fordi de var ubrukelige. Enkelte av disse gjenstandene har ikke hatt en praktisk bruksverdi, men har vært prydgjenstander og gjenstander med ulike symbolske meninger. Dette gjelder for eksempel beinperlene, menneskefigurene og kopperdolken som ble funnet i tufta i Karlebotn.

Den tvil Schanche reiser, blir ytteligere underbygd dersom vi tar i betraktning deponeringene i møddingene foran husene på Gressbakken Nedre Vest. Det enormt rike materialet som er funnet her, kan antyde at plassen foran husene var en arena for sosial og rituell aktivitet. Dette kan tolkes på to måter. For det første kan møddingmaterialet vitne om sosial konkurranse mellom hushold og mellom deres ledere, ved at man har satt store verdier (mat, redskap) ut av spill i en form for «potlatch». Det forhold at møddingene også inneholder mye kokstein, avslag og måltidsrester, gjør at de selvsagt ikke utelukkende kan være resultat av «sosiale deponeringer». Deponering av verdier i møddinger kan også tolkes på en annen måte. Ved å ta potensielle statusobjekt ut av funksjon på dette vis, for eksempel gjennom rituelle nedleggelser av kopperdolker eller beinskulpturer, kan man ha ønsket å motvirke at de ble brukt til ervervelse av en personlig status som kunne true reprodusjonen av det sosiale fellesskap.

I denne forbindelse kan vi også merke oss deponeringen av skjelettdeler i møddingene. Simonsen (1979b:392) tolker dette som resultat av at boplassens hunder har rotet i tidligere generasjoners gravrøyser og slept knokler med hjem. Flere forhold gjør dette usannsynlig, blant annet funnet av et intakt kranium i en av møddingene (Torgersen m.fl. 1959:22–23). Skjelettdelene er utvilsomt nedlagt her av beboerne. Man skal også merke seg at det synes å være en viss kronologisk forskjell mellom på den ene siden disse deponeringene av skjelettdeler i møddingene og på den andre siden røysgravene og regulære begravelser i møddinger. De første er nemlig utelukkende funnet i møddinger foran Gressbakken-hus, mens dateringene av røysgraver og regulære møddingbegravelser er fra begynnelsen av fase III eller eldre. Dersom dette er representativt, kan det være uttrykk for at man i Gressbakken-fasen underkommuniserte de dødes sosiale status gjennom å deponere (deler av) dem i møddingene. Individuelle begravelser i røyser kan etter hvert ha blitt en trussel mot enheten i samfunnet, blant annet ved at de altfor tydelig viste sosial differensiering. Derfor kan deponeringene i møddingene også være en ideologisk maskering av reelle konflikter.

Dette er selvsagt bare en av flere mulige tolkninger av forekomsten av menneskebein i møddingene. Det at vi bare finner deler av skjelett, kan komme av at de etterlatte fordeler restene av en avholdt død person mellom seg, og dermed uttrykker samholdet mellom husholdene. For eksempel ble levningene av en avdød sjaman hos jukagirene i Sibir fordelt blant slektningene til sjamanen (O'Shea og Zvelebil

1984:21). Vi kan imidlertid heller ikke avvise at funnene er resultat av ritualer der mennesker er blitt spist med påfølgende deponering i møddingene.

Det skulle fremgå av det som her er sagt, at vi i periode III av yngre steinalder i Varanger har å gjøre med en betydelig utviklet symbolisme og ritualisering av atferd. Etter min oppfatning må dette relateres til maktforhold og interne konflikter i de semisedentære samfunnene, selv om forbindelsene av og til virker både tvetydige og komplekse. Tvetydigheten kan imidlertid nettopp være et resultat av at grupper med ulik adgang til makt og ressurser, også immaterielle, dels har forsøkt å tilsløre, dels har forsøkt å aksentuere sosiale konfliktforhold.

Jeg skal avslutningsvis i dette kapitlet si litt om forholdene i Finnmark for øvrig. Som tidligere nevnt var overgangen til større hus et generelt trekk ved utviklingen i periode III på kysten. Det er selvsagt fristende å knytte dette til sosiale prosesser som tilsvarer dem jeg har hevdet foregikk i Varanger, men slike analogislutninger kan lett dekke over eventuell regional variasjon. Bevaringsforhold, og omfanget av undersøkelsene lenger vest på Finnmarkskysten, gjør at vi her har et langt dårligere grunnlag for å fange opp de sosiale prosessene. Som jeg skal vise, er det imidlertid trekk ved helleristningene i Alta fra denne perioden som kan antyde likheter i disse prosessene mellom Varanger og samfunnene på Finnmarkskysten for øvrig.

Ser vi på innlandet, er situasjonen den at vi fra første del av periode III har få funn, mens datagrunnlaget blir betraktelig bedre når vi kommer ned mot 2000 f.Kr. I likhet med situasjonen i periode II er forskjellen i den materielle kulturen mellom kyst og innland svært stor, blant annet fordi skiferredskapene i langt mindre utstrekning blir anvendt i de indre områder. De skiferredskapene som blir brukt her, er for det meste økser og meisler, som forekommer mindre hyppig ved kysten. Selv om et større antall økser i innlandet utvilsomt må knyttes til økologiske og økonomiske variabler, kan øksene også gradvis ha blitt sosialt kategoriserende for innlandsbefolkningen, på tilsvarende vis som skiferkniver kan ha blitt det for kystbefolkningen. Som tidligere nevnt synes det å være liten mobilitet mellom kyst og innland i denne perioden, og det er indikasjoner på at vi har å gjøre med en klar sosial grense mellom kyst- og innlandsgrupper.

I denne forbindelse er det verd å legge merke til en endring som skjer i den materielle kulturen omkring 2000 f.Kr. På dette tidspunkt blir den første asbestkeramikken tatt i bruk i Finnmark. Det er funnet to typologisk forskjellige grupper, kalt Pasvik-keramikk og Lovozero-keramikk, og disse to keramikkgruppene har også helt ulik geografisk fordeling (Jørgensen og Olsen 1988) (figur 60, 61 og 93). Mens Pasvik-keramikk nesten utelukkende er funnet i innlandet, forekommer Lovozero-keramikk hovedsakelig på kysten. Den sistnevnte gruppen er funnet i relativt små mengder på noen få lokaliteter fra Sørøya til Varanger. Slik keramikk har kort levetid, og blir i begynnelsen av tidlig metalltid raskt avløst av tekstilkeramikken, som også er klart kysttilknyttet i Finnmark. Pasvik-keramikken opptrer imidlertid svært

Figur 60. Skår av Pasvik-keramikk (etter R. Jørgensen og B. Olsen 1988). Denne keramikken er svært vanlig i innlandet i andre årtusen før Kristus. Det mest karakteristiske trekket ved denne keramikken er den stripete overflaten.

Figur 61. Skår av Lovozero-keramikk (etter R. Jørgensen og B. Olsen 1988). Dette er en relativt sjelden keramikktype som opptrer på Finnmarkskysten i perioden 2100–1500 f.Kr..

Figur 62. Helleristninger av mennesker, datert til perioden 2700–1700 f.Kr., fra Amtmannsnes, Alta (etter K. Helskog 1983).

hyppig i innlandet, også utover i tidlig metalltid. Denne keramikkens klare innlandstilknytning kan tyde på at den i den lokale konteksten var relatert til motsetninger mellom kyst- og innlandssamfunn, og at den har vært sosialt kategoriserende for innlandsgruppene (Olsen og Jørgensen 1988:75). Som jeg skal komme tilbake til i neste kapittel, kan disse motsetningene være sprunget ut av innlandets økende økonomiske betydning, og være knyttet til et sterkere behov for å markere territorielle rettigheter som følge av denne utviklingen.

I Alta er helleristningene fra fase III (2700–1700 f.Kr.) svært forskjellig fra de eldre ristningene. Jakt- og båtscenene er borte, og mennesker er de viktigste figurene. Scener og ristninger som kan tolkes som uttrykk for relasjoner mellom kyst og innland, er fraværende. Ristningsfeltene er også flyttet fra Hjemmeluft/Jiebmaluokta til Amtmannsnes flere kilometer lenger nordøst. Menneskefigurene er store, med uvanlige kroppsmønster og ansiktstrekk som tydelig er forskjellig fra menneskefigurene i Hjemmeluft (Helskog 1988:69) (figur 62). De er også avbildet sammen med fugler, og det ser ut som de bærer på (eller står ved siden av) stenger med fuglehoder (Helskog 1988:55). Som nevnt er fugler og menneskefigurer også trekk vi finner blant beingjenstandene fra Varanger i denne perioden, og dette antyder fellestrekk i religiøse og sosiale endringsprosesser (figur 63). Som Hesjedal har påpekt (1991:207), er det på Amtmannsnes også en lang rekke andre figurer og scener, for eksempel mennesker som klatrer i påler, og bølgemønster som kan være ei elv. Dette påminner om sentrale element i den euro-asiatiske sjamanismen (Hultkrantz 1978). Det kan tyde på at samfunnene i Finnmark (i hvert fall de på kysten) gjennomgikk omfattende sosiale og religiøse endringer i siste del av yngre steinalder.

OPPSUMMERING

Figur 63. Helleristning av sjaman (?) fra Amtmannsnes, Alta (etter K. Helskog 1988). Legg merke til at figuren synes utstyrt med en fuglehodemaske.

I løpet av yngre steinalder gjennomgår fangstsamfunnene i Finnmark mange sosiale og kulturelle endringer. Mest markert er dette for periode III, slik det kommer til uttrykk i materialet fra Varanger. Samfunnene i siste del av periode III (Gressbakkenfasen) kan ha hatt en tredelt organisasjonsstruktur basert på henholdsvis husholdet, boplassen/grenda og en territoriell gruppe. Data fra dette området viser samtidig en kraftig intensivering i sosial og rituell praksis, noe jeg har foreslått å knytte til økende sosial differensiering internt i samfunnene. Konflikter mellom hushold, mellom ledere og mellom menn og kvinner kan ha kanalisert denne praksisen, og virket inn på både karakter og omfang slik det kommer til uttrykk i den materielle kulturen. Materiale fra Varanger og Alta tyder også på at sjamanismen som rituell og religiøst spesialisert praksis kan ha tilkommet nettopp i denne siste perioden av yngre steinalder. Mot slutten av det tredje årtusen synes det også å skje en intensivering i bruken av innlandet. Den forskjellen i materiell kultur mellom Finnmarksvidda og kysten som omkring 2000 f.Kr. også uttrykkes gjennom to geografisk avgrensede keramikkstiler, kan tyde på at det blir lagt større vekt på territorielle rettigheter på kysten og – kanskje i særlig grad – i innlandet.

TIDLIG METALLTID (1800–0 F.KR.)

Også i tidlig metalltid skjer det relativt omfattende endringer i bosetningsmønster og materiell kultur i Finnmark. Samtidig blir området i mye større grad enn tidligere dratt inn i sosioøkonomiske forbindelser med fjerntliggende områder. Asbestkeramikken blir en viktig komponent i den materielle kulturen, mens skiferredskapene mister sin dominerende stilling. Flatehogging blir på ny viktig i steinteknologien, og vi får etter hvert belegg for en mer omfattende metallbruk. Med hensyn til arkeologiske data er situasjonen god, og i forhold til yngre steinalder er innlandsområdene mye bedre representert. Dette kan ha sammenheng med en intensivering i bruken av innlandsområdene som vi så en tendens til allerede i slutten av yngre steinalder.

NATURFORHOLD I TIDLIG METALLTID

Tidlig metalltid omfatter siste del av subboreal tid og første del av subatlantisk tid. Klimaet blir noe kjøligere mot slutten av subboreal tid, og den kjøligste fasen inntreffer i første halvdel av siste årtusen før Kristus (Karlén 1976). Furuskogens tilbaketrekking fra kysten fortsetter, og i århundrene før Kristus går nordgrensen for furua lenger sør enn den har gjort siden boreal tid. På dette tidspunkt stabiliserer vegetasjonsbildet seg omtrent på dagens nivå (Eronen 1979, Hyvärinen 1975, 1979). Det betyr at vi ved kysten finner furuskog bare innerst i Altafjorden, mens ytterkysten er omtrent treløs. Også i Varangerfjorden er avskogingen markant: i århundrene like før Kristi fødsel har selv bjørkeskogen trukket seg sør for Kirkenes (Aario 1943:91).

Disse endringene i vegetasjonsbildet får store konsekvenser for dyrelivet. Arter som elg, bjørn og bever har sine biotoper knyttet til skogsonen, og biotopene blir følgelig skjøvet lenger mot sør. Det er antatt at reinen i løpet av tidlig metalltid etablerer sine historisk kjente trekkruter med sommerbeite ved kysten og vinterbeite i

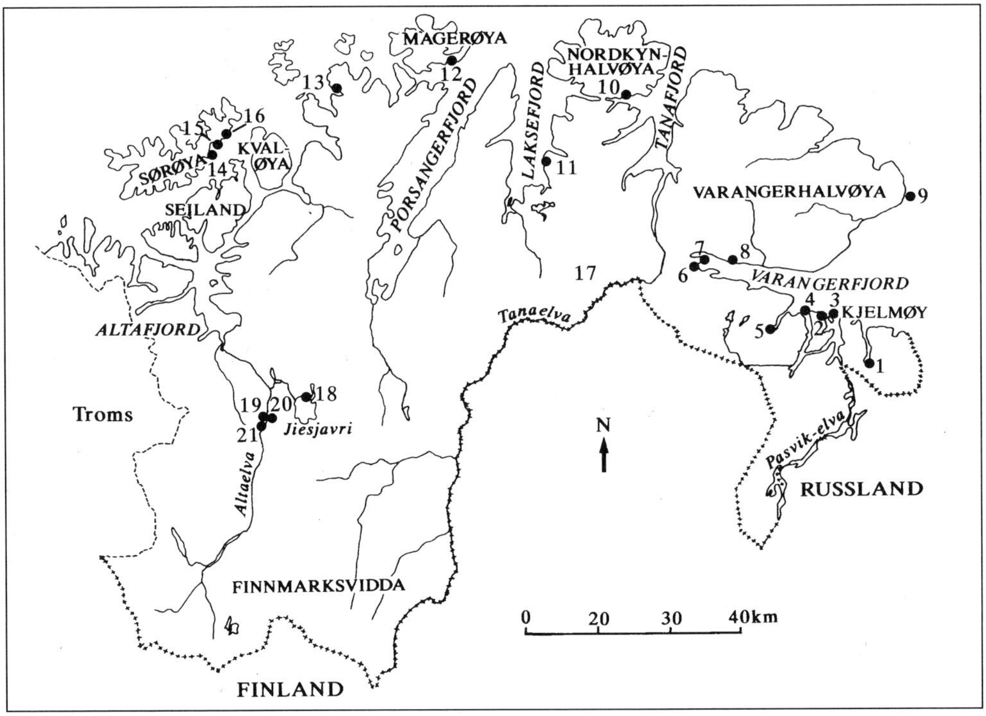

Figur 64. Funnsteder fra tidlig metalltid som omtales i teksten. 1: Jarfjord, 2: Makkholla, 3: Mestersanden, 4: Kjøøy, 5: Bugøyfjord, 6: Karlebotn, 7: Angsnes, 8: Mortensnes, 9: Vardø, 10: Iversfjord, 11: Lebesby, 12: Storbukt, 13: Indre Molvik, 14: Slettnes, 15: Sandbukt, 16: Hellefjord, 17: Ala-Jalve, 18: Gasadatnjàrga, 19: Bàrjesuolo, 20: Virdnejàvri 106, 21: Virdnejàvri 112.

innlandet (Vorren 1951:14). De sesongvise samlinger og trekk øker potensialet for strategisk fangst av villrein (for eksempel med fallgravsanlegg).

Landhevningen fortsatte i omtrent samme takt som i yngre steinalder, og fikk få konsekvenser for det marine miljø. Den klimatiske forverring i siste årtusen før Kristus kan imidlertid ha ført til en økt tilfrysning av sjøen i indre fjordstrøk om vinteren. Dette kan igjen ha fått visse følger for fangststrategier (for eksempel selfangst på is) og for når man foretok eventuelle sesongflyttinger. Vi vet at Pasvik-samene ikke flyttet ut til sommerplassene på kysten (blant annet på Kjelmøy) før isen i Pasvikelva og innerste del av Bøkfjorden hadde gått opp (Tanner 1929:115–117).

RÅSTOFF

I løpet av tidlig metalltid mister skiferen den dominerende rollen den hadde blant steinråstoffet i yngre steinalder. På kysten er den imidlertid ennå viktig i andre årtusen før Kristus. Fordi man nå tar flatehoggingsteknikken i bruk, blir finkornet, hardt steinråstoff igjen mye vanligere, særlig i innlandsområdene. På kysten, der skiferen fortsatt er i bruk og flatehoggingsteknikken er mindre utbredt, benyttes ennå grovkornet kvartsitt og kvarts i et visst omfang (Schanche 1988, Hood 1992).

Som i yngre steinalder spiller redskap av bein og horn en viktig rolle i tidlig metalltid. På grunn av bevaringsforholdene stammer det meste av beinmaterialet også i denne perioden fra boplasser i Varanger. Særlig i siste årtusen før Kristus har beingjenstander vært viktige, og det finnes et bredt utvalg av harpuner, lystergafler, fiskekroker, pilspisser, prener, knivskaft osv. (Olsen 1984:38–45). Som råstoff i beinteknologien har man især benyttet rørknokler og horn av rein.

Som navnet på perioden vitner om, blir metall nå tatt i bruk. Mens metallredskap av bronse og kopper trolig har vært relativt sjeldne i andre årtusen før Kristus, blir bronseredskap langt vanligere i siste årtusen før Kristus. Også jern kommer i bruk, og blir, i hvert fall i visse områder, en viktig del av teknologien (Olsen 1984, Hood og Olsen 1988). B. Hulthén har nylig fremsatt en interessant hypotese om at keramikk av Kjelmøy-type kan ha blitt brukt som en slags ovn til smelting av jern (Hulthén 1991, Baodou 1993:109–110). En del av denne keramikken har en ekstrem høy bestanddel av asbest, inntil 90 %, og leiren tjener nærmest bare som bindemiddel (Hulthén 1991:32–33). Dette gjør at karene er svært varmeisolerende. Gjennom lagvis å fylle det varmebestandige karet med glødende trekull og jernholdig malm eller sand maktet man å frembringe tilstrekkelig temperatur til å utvinne jernet. Denne hypotesen er basert blant annet på relativt mange funn av jern og slaggklumper i kontekst med Kjelmøy-keramikk fra nordre Fennoskandia. På flere lokaliteter i Nord-Sverige er det funnet slaggklumper med avtrykk etter bunnprofilene av slike kar samt skår med slagg festet til innsiden (Hulthén 1991:34–36). Det siste kjenner vi for øvrig også fra lokaliteten Virdnejávri 112, der det ble funnet jernslagg smeltet fast til et skår av Kjelmøy-keramikk (Hood og Olsen 1988).

Asbestmagret keramikk er en svært vanlig komponent i den materielle kulturen vi har bevart fra tidlig metalltid. På de fleste asbestkeramiske lokaliteter er det også gjort funn av asbestfibre. Simonsen har tidligere fremsatt en hypotese om at all denne asbesten stammer fra et mindre område i den østre delen av Savolax-området i Finland (Simonsen 1979b:419–429). Manglende kjennskap til asbestforekomster i nordre Fennoskandia var grunnlaget for denne hypotesen. Etter hvert er vi blitt kjent med flere forekomster av dette råstoffet, blant annet på Finnmarksvidda (Simonsen 1986, Hood og Olsen 1988), og det er derfor ikke lenger grunnlag for å anta at asbest har vært importert til Finnmark fra fjerntliggende områder (Jørgensen og Olsen 1988:70–72).

KRONOLOGISK INNDELING AV TIDLIG METALLTID

På grunnlag av en tilbakedatering av funnene fra Kjelmøy utenfor Kirkenes, som tradisjonelt hadde vært tidfestet til samisk jernalder (Olsen 1991), introduserte jeg i 1984 betegnelsen tidlig metalltid (eller «eldre metallalder») for perioden 800 f.Kr.–300 e.Kr. (se Olsen 1984 for en diskusjon av dette begrepet). Terminologien var hentet fra finsk og russisk arkeologi (se Carpelan 1975, Shumkin 1990), mens den kronologiske avgrensning var basert på Kjelmøy-funnenes datering. Ut fra nyere 14-C-dateringer er det klart at Kjelmøy-funnene må føres enda litt lenger tilbake i tida enn jeg da antok, til 900/800–0 f.Kr., og at avslutningen av tidlig metalltid må skyves tilsvarende tilbake (Jørgensen og Olsen 1988). I tråd med det Jørgensen (1986) har foreslått for Nordland og Troms, har jeg valgt å sette begynnelsen på denne perioden til omkring 1800 f.Kr. i Finnmark. Grunnen er at vi fra nå av får en omfattende bruk av asbestkeramikk i nordre Fennoskandia. Riktignok opptrer lokale varianter av denne keramikken i Finnmark allerede omkring 2000 f.Kr., men først omkring 1800 f.Kr. blir den vanlig over hele fylket og i nordre Fennoskandia for øvrig. Asbestkeramikken går frem til omkring Kristi fødsel, og tidlig metalltid er følgelig pr. definisjon den «asbestkeramiske periode» (K. Helskog 1980, Jørgensen og Olsen 1988). For øvrig er flatehogde spisser med rett eller konkav basis et karakteristisk trekk ved den materielle kulturen fra tidlig metalltid.

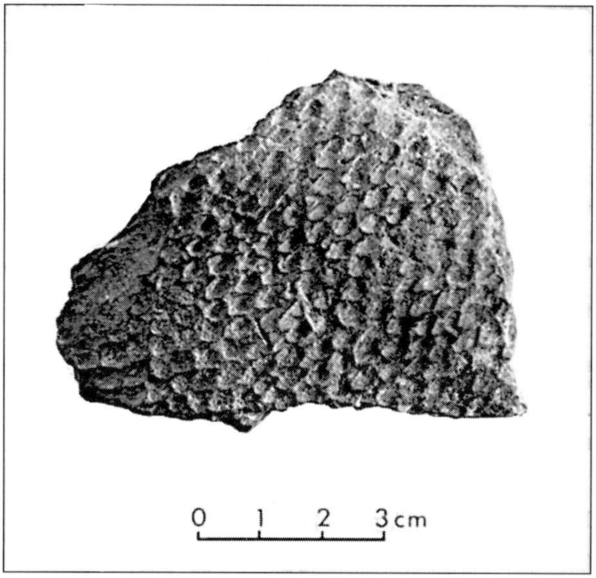

Figur 65. Skår av tekstilkeramikk (etter R. Jørgensen og B. Olsen 1988). Navnet kommer av at mønsteret på karenes utside minner om tekstilavtrykk.

På bakgrunn av endringer i asbestkeramikken foreslår jeg at tidlig metalltid deles inn i to faser: en tekstilkeramisk fase og en Kjelmøy-keramisk fase. For enkelhets skyld vil jeg bruke betegnelsen Kjelmøy-fasen om den siste. De keramiske gruppene overlapper hverandre noe, men har sin hovedtyngde innenfor de tidsrom som angis nedenfor (Jørgensen og Olsen 1988).

Den *tekstilkeramiske* fasen (1800–900 f.Kr.) er bestemt ut fra den viktigste bruksperioden for tekstilkeramikk og imitert tekstilkeramikk

Figur 66. Skår av imitert tekstilkeramikk (etter R. Jørgensen og B. Olsen 1988). Rombe-mønsteret på karenes utside er trolig laget ved hjelp av et stempel.

(figur 65 og 66). Tidligere har Jørgensen og jeg hevdet at den viktigste bruksfasen for disse gruppene lå mellom 1500 og 900 f.Kr., men det synes nå klart at tekstilkeramikk og imitert tekstilkeramikk opptrer hyppig alt fra omkring 1800 f.Kr. på Finnmarkskysten. I denne fasen finner vi også en utstrakt bruk av Pasvik-keramikk i innlandet (Jørgensen og Olsen 1988:15–16, 53, 65–66) (figur 60 og 93). I innlandet er steinteknologien preget av flatehoggingteknikken, med spisser med rett eller konkav basis som den viktigste type (figur 67). En særlig variant av disse spissene er forsynt med skjeftningshakk, og går under betegnelsen Sandbukt-pil (Simonsen 1968) (figur 68). Flatehogde spisser er mindre vanlige på kysten, selv om de også forekommer her (E. Helskog 1983:63, Hood 1992:260).

Figur 67. Flatehogde pilspisser med rett eller konkav basis er svært vanlige på boplasser fra den første fasen av tidlig metalltid.

Selv om skiferbruken klart avtar, ser det ut til at flere av redskapsformene fra periode III av yngre steinalder, som tangespisser og eneggede kniver (figur 30 og 31), fortsatt er i bruk på kysten

Figur 68. *Flatehogde pilspisser av Sandbukt-typen. Denne typen har sitt navn etter boplassen Sandbukt på Sørøya, som Povl Simonsen undersøkte i årene 1964–1968.*

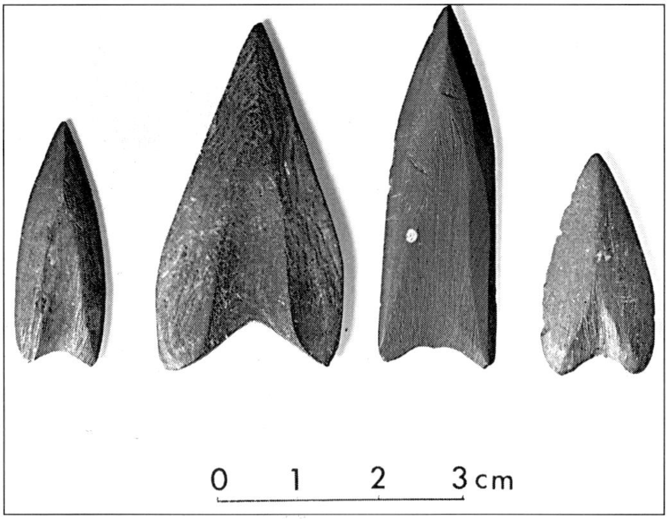

Figur 69. *Slipte skiferspisser av Sunderøy-typen. Typen har sitt navn etter Sunderøy i Vesterålen der en slik spiss med bevart treskaft ble funnet i ei myr. Sunderøy-pilene er svært vanlige langs kysten av Finnmark i andre årtusen før Kristus.*

(Andreassen 1985:224, 89, Damm m.fl. 1993). En ny spisstype av slipt skifer dukker imidlertid opp i tidlig metalltid: den såkalte Sunderøy-pilen med konkav basis (Gjessing 1942:172–173, K. Helskog 1980:50–52, E. Helskog 1983:69, Andreassen 1985:124) (figur 69). Den kjennes hovedsakelig fra kystboplassene. Vi har relativt få funn av beinredskap fra den tekstilkeramiske fasen, og de gjenstandene vi kjenner, blant annet fra Vardø, er som oftest uornerte (Gjessing 1935, Myrvoll 1992).

Kjelmøy-fasen (900–0 f.Kr.) er definert ved Kjelmøy-keramikken, som er den desidert viktigste asbestkeramiske gruppen i denne perioden (figur 70). Dette gjelder også i innlandet, der Pasvikkeramikken er gått ut av bruk. Her er flatehogde spisser fortsatt viktige, særlig i begynnelsen av fasen. En flatehogd spiss med kort, triangulær tange (Olsen 1986) er et nytt typologisk element (figur 71). Den tilkommer i siste del av andre årtusen før Kristus, men blir særlig viktig i første del av Kjelmøy-fasen. Spissen kjennes både fra ytterkysten og innlandet, men bare i Vest-Finnmark. I siste halvdel av Kjelmøy-fasen synes flatehogde steinspisser å gå ut av bruk, og det er verd å merke seg at de ikke er representert i Kjelmøy-funnene. Tilsvarende observasjon er gjort på asbestkeramiske boplasser som Råinget i Nord-Sverige (Baudou 1991:viii). Med hensyn til steinbrukens opphør er det interessant at det i ei tuft fra omkring Kristi fødsel som ble undersøkt på Slettnes i 1992, nesten ikke ble funnet steinartefakter. Foruten noen få avslag besto funnene av en del bryner eller slipesteiner, litt jernslagg samt Kjelmøy-keramikk (Damm m.fl. 1993, Olsen 1993).

Figur 70. Skår av Kjelmøy-keramikk. Denne keramikken er svært tynnvegget (ofte bare 2–3 mm tykk), og er dekorert med kam- og strekdekor.

På kysten avtar skiferbruken markert, og skiferredskap utgjør en svært liten del av teknologien i Kjelmøy-fasen. Noen ord skal i denne forbindelse knyttes til dateringen av ei av hustuftene i Iversfjord (hus 19). To 14-C-dateringer plasserte tufta i tidsrommet 600–800 f.Kr., og E. Helskog aksepterer denne dateringen (1983:54). Materialet besto blant annet av flere skiferspisser og eneggede kniver (E. Helskog 1983:65, 70), og skulle følgelig kunne tas til inntekt for at skiferredskap fortsatt spilte en viktig rolle i Kjelmøy-fasen. Det er imidlertid gode grunner til å anta at 14-C-dateringene ikke tidfester huset og dets inventar, men seinere aktivitet på stedet. Huset ligger som nummer to i en rekke med tre andre tufter, og verken med hensyn til form eller inventar skiller det seg ut fra de andre husene i denne rekken. 14-C-dateringer fra de andre tuftene ligger mellom 1900–2200 f.Kr. (E. Helskog 1983:53). Prøvene til 14-C-datering ble ikke tatt inne i tufta, men fra et trekullag (trolig spor etter nedrast tak) i en tre meter lang utgangspassasje foran huset (E. Helskog 1983:34–35, 54). Jeg mener derfor det bør rettes tvil om at disse 14-C-dateringene virkelig tidfester huset og dets inventar. Etter min oppfatning daterer de seinere aktivitet i området, noe et ildsted og enkelte skår av Kjelmøy-keramikk, funnet mellom hus 19 og hus 20, kan tyde på. Hus 19 bør derfor regnes som samtidig med de øvrige husene i dette feltet.

Figur 71. Flatehogde spisser med kort, triangulær tange finnes ofte på boplasser med Kjelmøy-keramikk.

Til forskjell fra det som var tilfellet i den tekstilkeramiske fasen, får vi en rik beinteknologi i Kjelmøy-fasen, slik vi især kjenner den fra Kjelmøy-boplassene i Sør-Varanger (figur 72, 73, 79, 80, 82 og 84). Typerepertoaret er meget omfattende, og mange av typene, blant annet fiskekrokene og harpunene, er kronologisk avgrenset til denne fasen (Olsen 1984). Karakteristisk for disse beinredskapene er også at de ofte er ornerte. Faktisk er dekorerte beingjenstander langt vanligere i denne fasen enn i Gressbakken-fasen. I løpet av det siste årtusen før Kristus blir kjennskapet til metall (både bronse og jern) utbredt blant samfunnene i Finnmark (Olsen 1984:66–68, Hood og Olsen 1988, Hood 1992).

Figur 72. Angler av bein fra Kjelmøy. Denne typen utgjør én av to hovedtyper fiskekroker i Kjelmøy-funnene (se også figur 79). Denne typen er alltid ornert og kan ha blitt benyttet til kveitefiske.

Et særtrekk ved Kjelmøy-fasen er dessuten at hustuftene på kysten mer eller mindre forsvinner. Med visse unntak finner vi derfor bare åpne boplasser og boplasser under flat mark fra denne fasen i Finnmark (Olsen 1984, Andreassen 1989:31–33).

BOSETNINGSMØNSTER I TIDLIG METALLTID

Inntil midten av 1980-årene var tidlig metalltid ikke utskilt som en egen «tidsalder», men utgjorde periode IV av yngre steinalder (Simonsen 1979b, Helskog 1984). Dette betyr at mange av de modellene som er fremsatt for bosetning og samfunn i yngre steinalder, og som ble beskrevet i forrige kapittel, også omfattet det jeg her har definert som tidlig metalltid. Den forskningshistoriske situasjonen kompliseres ytterligere ved at Kjelmøy-fasen tidligere ble regnet som første del av samisk jernalder.

Figur 73. Harpuner av bein fra Kjelmøy. Trolig har disse vært brukt til selfangst. Legg merke til hvordan harpunen til venstre (og muligens også den til høyre) har hatt jernforsterket odd.

Et markant trekk ved bosetningen i den *tekstilkeramiske fasen* (1800–900 f.Kr.) er økningen i antall boplasser i innlandet. Dette er selvsagt særlig merkbart for Finnmarksvidda, der materialet fra yngre steinalder er ytterst sparsomt. Især langs Alta-Kautokeino-vassdraget og ved Jiesjávri finner vi nå mange lokaliteter (E. Helskog 1978, Jørgensen og Olsen 1988, Hood og Olsen 1988). Tilsvarende situasjon har vi også for Pasvikdalen (Simonsen 1963), mens vi fra Tana-vassdraget kjenner en større lokalitet (Rankama 1986). Det typiske inventaret på disse boplassene er, foruten asbestkeramikk, mange flatehogde spisser og skrapere (ofte velformede skiveskrapere) (figur 74). Dette vitner om en intensivert bruk av innlandet, som synes å ta til i slutten av periode III av yngre steinalder (ca. 2000 f.Kr.), men som især blir merkbar i første fase av tidlig metalltid.

Dette kan vi eksemplifisere ved å se nærmere på boplassen Virdnejávri 112 på den sørøstre bredden av innsjøen Virdnejávri i Alta-Kautokeino-vassdraget (Hood og Olsen 1988) (figur 75). Ut fra 14-C-dateringer synes lokaliteten hovedsakelig å ha vært brukt i tidsrommet 2000–1500 f.Kr., men med sporadisk bruk også i Kjelmøy-fasen. På denne boplassen ble det funnet hele 80 flatehogde spisser med rett eller konkav basis, det høyeste antall vi kjenner fra noen lokalitet i Nord-Norge. I tillegg ble det funnet mye Pasvik-keramikk og spor etter omfattende redskapsbearbeiding (flatehoggings- og retusjavslag), men få skrapere og andre redskapsformer.

Figur 74. Skiveskrapere fra Virdnejàvri 106 på Finnmarksvidda. Disse skraperne ble trolig benyttet til bearbeiding av skinn.

Det ble ikke funnet skiferredskap. Materialet fra Virdnejávri 112 vitner om en svært spesialisert boplass innrettet på jakt, trolig av villrein. Boplassens spesialiserte karakter, med jakt og produksjon og vedlikehold av jaktutstyr (piler) som de viktigste aktiviteter, gjør det rimelig å anta at den bare har vært benyttet en kort sesong, trolig om høsten under reintrekket.

Figur 75. Boplassen Virdnejàvri 112 under utgravningen i 1985. De arkeologiske undersøkelsene langs Virdnejàvri ble foretatt som følge av utbyggingen av Alta-Kautokeino-vassdraget (se også figur 88).

Karakteristiske trekk ved inventaret fra Virdnejávri 112, nemlig flatehogde spisser, Pasvik-keramikk og fravær av skifer, gjør det lite sannsynlig at lokaliteten er spor etter kystgrupper som har jaktet i innlandet. Dette kan tyde på at den intensiverte villreinjakten på Finnmarksvidda primært har vært drevet av grupper med permanent tilhold i innlandet. Materialet fra Pasvikdalen er på grunn av mange kronologisk blandede boplasser vanskeligere å vurdere, men heller ikke her vitner funnene om at kystgrupper har jaktet i innlandet. Det er funnet store mengder Pasvik-keramikk, men svært få seine skiferredskap og ingen tekstilkeramikk.

Noe annerledes stiller det seg med boplassen Ala-Jalve ved Storfossen i Tanaelva, som jeg beskrev i forrige kapittel. Den er trolig noenlunde samtidig med Virdnejávri 112, men en forskjell er at det er funnet mange Sunderøy-piler (25) på Ala-Jalve, i tillegg til flatehogde spisser. Dette kan tas til inntekt for at denne boplassen ble benyttet av kystgrupper med tilhold i Tanafjorden eller Varangerfjorden (Rankama 1986:24–37). En slik hypotese styrkes ytterligere ved at det også er funnet skår av Lovozero-keramikk på lokaliteten, en keramikktype som i Finnmark har sterk kysttilknytning.

Hva er så situasjonen på kysten i denne første fasen av tidlig metalltid? På de undersøkte boplassene vest for Varanger, som Sandbukt, Slettnes og Hellefjord på Sørøya (Simonsen 1968, Andreassen 1985, Damm m.fl. 1993) og Iversfjord på Nordkynhalvøya (E. Helskog 1983), synes noen av de store hustuftene fortsatt å være i bruk ei tid inn i den tekstilkeramiske perioden. Mange av disse hustuftene inneholder tekstilkeramikk eller imitert tekstilkeramikk, og ser ut til å representere noe av den aller tidligste bruken av denne keramikken. Det er imidlertid problematisk å si hvor langt frem i tid disse tuftene går. Enkelte dateringer, blant annet fra Hellefjord på Sørøya (hus 41) (Andreassen 1985:43, 51, 85), kan tyde på at noen av disse store husene med doble ildsteder plassert på rekke kan være anvendt til rundt 1500 f.Kr. De to husene i Iversfjord (hus 22 og 32) som er datert til mellom 1000 og 1500 f.Kr., er mindre nedgravd, uten døråpninger og har (hus 32) mindre gulvareal (gulvavgrensningen til «hus» 22 er imidlertid høyst uklar) (E. Helskog 1983:37–38, 44–45).

Det materialet vi har til rådighet fra kysten vest for Varanger, vitner således om at de store husene med doble ildsteder kan ha vært i bruk til ca. 1500 f.Kr. Hus med to ildsteder forekommer riktignok ned mot slutten av andre årtusen før Kristus, slik det er påvist i ett tilfelle på Slettnes. Det som imidlertid er påfallende her, er at mens det ene ildstedet var rektangulært og plassert langs husets midtakse, hadde det andre avvikende form, orientering og plassering (Olsen 1993) (figur 76). Den symmetriske plasseringen av ildstedene langs husets midtakse benyttes altså ikke lenger. Seinere hus fra den tekstilkeramiske fasen er mindre, og det synes også å være en generell tendens til at antallet tufter reduseres kraftig i løpet av denne fasen. Den siste tendensen gjør seg gjeldende allerede mellom 1800 og 1500 f.Kr. Dette kan tyde på at vi på ny får gradvis økende boplassmobilitet på kysten av Finnmark.

Figur 76. Tårnfoto av utgravd hustuft fra Slettnes. Tufta er 14 C-datert til ca. 1200 f.Kr. Legg merke til den asymmetriske plasseringen av ildstedet til høyre.

Går vi så til Varanger, er situasjonen i den tekstilkeramiske perioden noe uklar. Gressbakken-husene synes å opphøre ved overgangen til tidlig metalltid, og tekstilkeramikk (eller annen [asbest]keramikk) forekommer nesten ikke i disse husene i Varanger. Ett unntak her er tuftene i Bugøyfjord, Sør-Varanger, hvor det er funnet tekstilkeramikk i to tufter som morfologisk er av tilnærmet Gressbakken-type (Simonsen 1961:457–471). Tuftene er imidlertid mindre nedgravde enn hva som ellers er vanlig for denne typen i Varanger-området, og den tufta som hadde mest tekstilkeramikk (hus 1), hadde bare ett ildsted og kun innganger på to av sidene. Tuftene i Bugøyfjord er få, de er ikke rekkeorganiserte, og det synes som at boplassen her representerer en overgangsfase som kan strekke seg noe ned i den tekstilkeramiske fasen. Dessverre eksisterer det ikke 14-C-dateringer fra Bugøyfjord.

I diskusjonen om hva som skjer etter Gressbakken-fasen i Varanger representerer de såkalte *Mortensnes-husene* et særlig problem. De er dels datert til samisk jernalder (0–1500 e.Kr.) (Johansen og Odner 1968), dels er de blitt avskrevet som en egen husform (Engelstad 1988, Hood 1992:62). For å ta det siste først: Når Engelstads statistiske analyse konkluderer med at Mortensnes-hus ikke er en egen hustype (Engelstad 1988), så har dette sammenheng med at hun bruker data fra lokaliteter som i den arkeologiske litteraturen fra Varanger feilaktig er anført å skulle ha hustufter av

Mortensnes-type, som Angsnes (Simonsen 1963:271). Mortensnes-husene er en hustype med meget karakteristiske morfologiske trekk. De er kraftig nedgravde, og formen er ofte mer kvadratisk enn rektangulær, de er noe mindre enn Gressbakken-husene, mellom 30 og 40 m^2, og har ikke markert(e) utgang(er). Bare to Mortensnes-hus er totalgravde, og felles for disse var at de bare hadde ett ildsted, og at det var asymmetrisk plassert i tufta. Det må likevel tas forbehold om at de avdekkede lag kan være sekundære, og at det opprinnelige bosetningslaget ligger dypere i disse to tuftene. Dersom den interne organiseringen likevel er representativ for den opprinnelige bosetningen i tuftene, er dette en interessant parallell til den romlige organiseringen i Slettnes-tufta fra siste del av andre årtusen før Kristus. Den ytre organiseringen av husene er imidlertid felles med Gressbakken-tuftene, det vil si at de vanligvis er anlagt i rekker (Johansen og Odner 1968, Schanche 1988:131–140).

Når det gjelder dateringen av Mortensnes-tuftene, har Johansen og Odner (1968), dels ut fra 14-C-dateringer, dels på bakgrunn av funn av en jernkniv og en pil av finsk mellomaldertype, tidfestet disse tuftene til perioden 0–1500 f.Kr. Denne kronologiske avgrensningen kan ikke opprettholdes, ettersom de seine funnene og 14-C-dateringene utvilsomt må vise til seinere aktivitet i tuftene. Undersøkelsene på Slettnes har vist at en slik sekundær bruk av tufter fra steinalder og tidlig metalltid ikke er uvanlig (Damm m.fl. 1993). Tvert om er det her i flere tufter dokumentert sekundære bosetningsfaser fra så vel jernalder som tidlig metalltid, av og til flere faser i samme tuft.

Materialet fra de to utgravde tuftene på Mortensnes inneholder blant annet en Sunderøy-pil og en flatehogd spiss av Sandbukt-typen, og dette er gjenstander som på kysten av Varanger ikke opptrer i siste årtusen før Kristus (Olsen 1984). K. Schanche har prøvegravd i to andre Mortensnes-tufter fra samme felt på Mortensnes, og 14-C-dateringer av materiale fra dem ga annet årtusen før Kristus som resultat (henholdsvis ca. 1600–1700 f.Kr. og 1200–1300 f.Kr.). I den eldste av tuftene ble det blant annet funnet en støvelformet skiferkniv (Schanche 1988:91–97). Etter min oppfatning må derfor denne hustypen i all hovedsak dateres til andre årtusen før Kristus. Dette understøttes også av at husene systematisk er anlagt på et visst høydenivå. Faktisk ligger ingen Mortensnes-tufter, verken på Mortensnes eller på andre lokaliteter i Varanger, lavere enn 10 meter over havet, noe man burde forvente dersom tuftene skulle ha vært anlagt i jernalder. Strandlinjedateringer av tuftene fra Mortensnes gir også ei tidsmessig plassering til andre årtusen før Kristus (Schanche 1988:98).

Det er derfor grunn til å anta at Mortensnes-husene avløste hus av Gressbakken-typen omkring 1800 f.Kr. i Varanger, selv om to 14-C-dateringer av ei Mortensnes-tuft på lokaliteten Cudegoadat Vest nær Angsnes antyder muligheten for en viss overlapping (Odner 1992:123–124). Vi har imidlertid relativt lite data som kan belegge bosetningsmønsteret i den tekstilkeramiske fasen. Mortensnes, med to store felt med henholdsvis 49 og 58 Mortensnes-tufter, synes klart å representere en

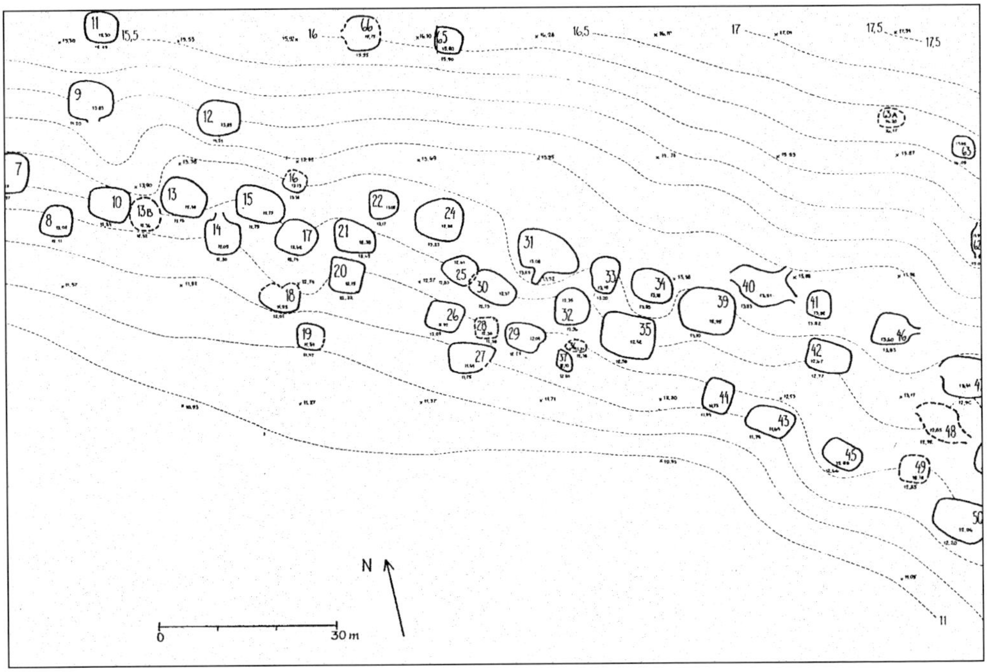

Figur 77. Plantegning av et av feltene med Mortensnes-tufter på Mortensnes (etter E. Johansen og K. Odner 1968). Tegningen viser bare et utsnitt av feltet. I tillegg til tufter av Mortensnes-type ser vi at det også er enkelte tufter av Gressbakken-type i den øvre del av feltet (blant annet tuft 40, 47 og 48).

hovedboplass (figur 77). Hvorvidt vi også har å gjøre med en (semi)sedentær bosetning, er imidlertid høyst usikkert. Bare to tufter er nøyere undersøkt, og begge ga lite funn, blant annet er mengden av fangstredskap svært liten. Ingen av disse tuftene inneholdt bevarte dyrebein, men prøvegravninger i en del andre tufter har gitt et lite osteologisk materiale, med en relativt høy andel av sjøpattedyr, en del rein, men lite fugl og fisk (Schanche 1988:92). Den lille andelen fisk kan godt skyldes dårlige innsamlingsmetoder eller dårlige bevaringsforhold, mens fraværet av fugl synes mer signifikant. Det foreliggende arkeologiske og osteologiske materialet, samt det forhold at det er liten møddingakkumulasjon foran husene, kan tyde på at vi ikke har å gjøre med en semisedentær bosetning, men med en sesongavgrenset hovedboplass. Ut fra boligenes solide konstruksjon kan boplassen ha vært bebodd i vinterhalvåret. Resten av året må da være tilbrakt andre steder.

Det er derfor interessant å se Mortensnes i sammenheng med boplassen på Angsnes, lokalisert på spissen av Sæleneshalvøya litt lenger inn i Varangerfjorden. Denne boplassen består av sju små tufter som ikke er nedgravde, men bare markert ved lave voller (Simonsens beskrivelse av dem, 1963:271, er dessverre ikke riktig). En liten prøvegravning i og utenfor husene ga et sparsomt arkeologisk materiale, blant annet en noe atypisk skiferspiss, en beinharpun og et fiskesøkke, men et relativt omfattende osteologisk materiale (Simonsen 1963:272, H. Olsen 1967, u.å.). Beinmaterialet viste en klar dominans av småkval (springer) og sel (H. Olsen u.å.). Den høye andelen småkval er interessant, for etnografisk er det dokumentert en spesiell form for fangst av springer som foregikk om høsten og seinvinteren i dette indre fjordområdet (Knag 1694). Blant fiskeartene er det nesten like mye sei som torsk i materialet (H. Olsen 1967:20), noe som ut fra lokale forhold bør indikere et fiske innenfor tidsrommet fra sein vår til høst. Materialet av fugl er også her svært lite. Samlet vitner da materialet fra Angsnes om en sesonglokalitet (vår, sommer eller høst) for sjøpattedyrfangst, spesielt kvalfangst (Renouf 1989:211–214). Den geografiske nærhet til Mortensnes gjør det mulig at den kan ha vært benyttet av en fangstgruppe herfra.

Et annet funn som skal nevnes i denne sammenheng, er det fra en flygesand- eller skjellsandboplass på Vardøya som Nummedal undersøkte i årene 1929–31 (Gjessing 1935). Foruten imitert tekstilkeramikk ble det her funnet mange beinspisser, en Sunderøy-pil samt skrapere og avslag av kvartsitt (Gjessing 1935:33–38). Boplassen tilhører klart den tekstilkeramiske fasen, og har etter all sannsynlighet ikke hatt hustufter. Sammen med lokalisering og inventar tyder dette på at vi også her har å gjøre med en spesialisert sesongboplass. Ut fra mangelen på fuglebein i materialet fra det indre fjordområdet kunne det være fristende å foreslå en vår/tidlig-sommer-boplass innrettet på fuglefangst og fiske. I historisk tid er Vardøya og den nærliggende Hornøya kjent for sine store sjøfuglkolonier. Vi mangler imidlertid osteologisk materiale som kan bekrefte en slik hypotese.

Oppsummert synes også materialet fra Varanger å vise økende bosetningsmobilitet i den tekstilkeramiske fasen. De boplasser vi kjenner til, indikerer at både hovedboplass og andre sesongboplasser ligger i fjordområdet, det vil si at vi har et kysttilknyttet flyttemønster. Materialet er imidlertid spinkelt, og vi kan ikke se bort fra at boplasser som Mortensnes representerer en mer semipermanent bosetning med lokaliteter som Angsnes som kortvarige fangststasjoner.

Den tendensen til økende mobilitet som vi ser på kysten av Finnmark i det andre årtusen før Kristus, blir kraftig forsterket i *Kjelmøy-fasen* (900–0 f.Kr.). De viktigste lokalitetene i Varanger fra denne fasen er Mestersanden (figur 78) og Makkholla på Kjelmøy ytterst i Bøkfjorden samt Kjøøy ytterst i Kjøfjorden. Alle disse boplassene er 14-C-datert til siste årtusen før Kristus (Olsen 1984:32, Jørgensen og Olsen 1988:62). Samtlige har også det til felles at de ligger på øyer ytterst på kysten av Sør-Varanger, en lokalisering svært forskjellig fra for eksempel boplasser med Gressbakken-tufter, som ligger inne i fjordene, ofte nær fjordbotnen. Disse tre ytterkystlokalitetene er også kjent som sommerboplasser for østsamene i området, Kjøøy for Neiden-siidaen

Figur 78. Boplassen Mestersanden på Kjelmøy. Boplassområdet ligger på terrasseflaten inn mot bergfoten. I årene 1907–1910 og i 1931 gjorde etnografen Ole Solberg omfattende utgravninger her. Under andre verdenskrig hadde den tyske okkupasjonsmakten festningsverk og kanonstillinger her ute, og mye av boplassen ble da ødelagt.

og Kjelmøy-boplassene for Pasvik-siidaen (Tanner 1929, Vorren 1979, Olsen 1984). Bosetningsmønsteret i disse siidaene var basert på flyttinger mellom sommerboplasser på kysten og vinterboplasser i skogsområdene i innlandet. Mye kan tyde på at et tilsvarende bosetningsmønster er etablert i Kjelmøy-fasen.

Flere forhold indikerer at Kjøøy og Kjelmøy bare var bebodd om sommeren. Ingen av Kjelmøy-boplassene har hustufter, mens en vag, ikke nedgravd hustuft uten ildsted ble funnet på Kjøøy (Olsen 1984). Det osteologiske materialet gir også klare indikasjoner på sommerbosetning. Særlig viktig her er artsfordeling av fisk fra de tre boplassene, idet sei utgjør mellom 78 og 86 prosent (figur 79), mens torsk bare utgjør mellom 8 og 15 prosent (Olsen 1984:148). På kysten av Finnmark er det bare fiske i sommermånedene (juni til august) som kan gi en slik overvekt av sei i det osteologiske materialet. Også fuglebeinene er dominert av arter som gjester Finnmark i sommerhalvåret (Olsen 1984:150). Blant pattedyrene var det relativt mange bein av sel, rein og bever (hovedsakelig beverkjever) i materialet fra Mestersanden, mens pattedyr er sparsomt representert på de to andre boplassene (Olsen 1984:151). Forekomsten av reinbein og -horn på Mestersanden vitner om at beinene er brakt hit som råstoff for redskapsproduksjon. En rekke funn av emner og halvferdige beinredskap tyder på en omfattende produksjon av slike redskap på denne boplassen (Solberg 1909, Olsen 1984).

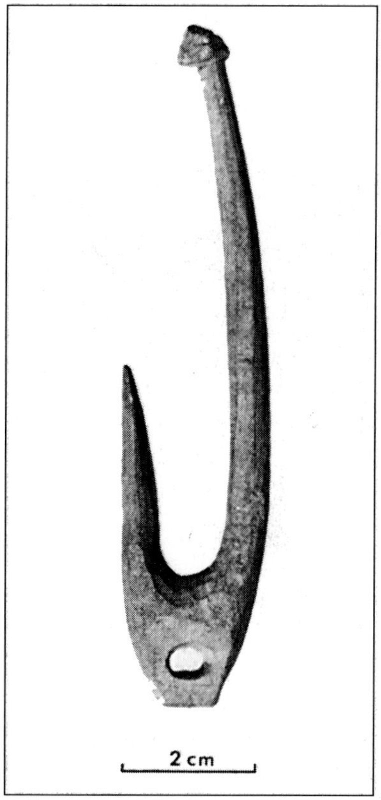

Figur 79. Beinangel fra Kjelmøy. Dette er den vanligste av de to hovedtyper av fiskekroker i Kjelmøyfunnene (187 stykker er funnet på Mestersanden). Denne typen er ikke ornert og kan ha blitt benyttet til sommerfiske etter sei.

Det arkeologiske materialet, som er særlig omfangsrikt fra Mestersanden, omfatter et rikt inventar av beinredskap og keramikk, mens steinartefakter ikke forekommer, med unntak av skrapere og avslag samt slagsteiner og søkkesteiner. Et støypeformsfragment samt mange knivskaft der jernbladet er rustet bort, vitner om at metall, og især jern, har vært en integrert del av teknologien (Solberg 1909, 1911, Olsen 1984). Beinredskapene omfatter en mengde fangstredskap, som flere hundre fiskekroker og piler, samt mange harpuner og lystergafler. De fleste fiskekrokene er av en type som gjør det rimelig å anta at de har vært anvendt til seidorging (Olsen 1983) (figur 79), og det er også mange «fuglepiler» i materialet (figur 80). Disse siste er svakt krummede beinspisser uten mothaker, og de har vært festet flere sammen i en slags vifteform i spissen på et kastespyd av tre. På dette vis oppnådde man en slags «hagleffekt» når de ble kastet inn i en fugleflokk (figur 81). Det er imidlertid også funnet en rekke andre typer av beinpiler, noe som vitner om en spesialisert anvendelse, blant annet til reinjakt (Olsen 1984). Det virker som at man på boplassene, og Mestersanden spesielt, har benyttet sommeroppholdet til å produsere redskap som skulle benyttes på andre sesongboplasser.

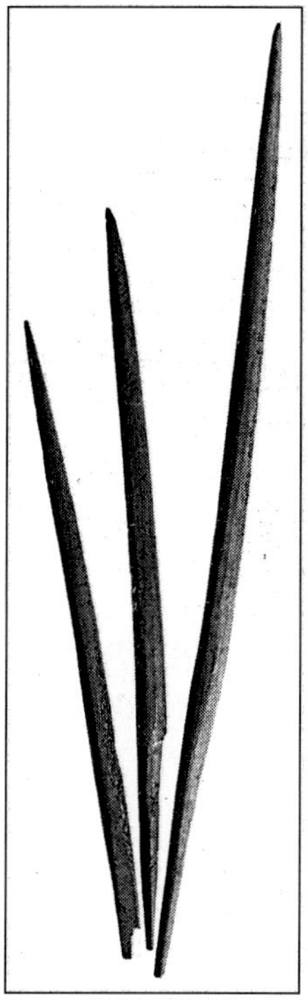

Figur 80. Fuglepiler fra Kjelmøy. Disse pilene ble ofte funnet i grupper på tre–fire sammen. Trolig har de vært montert sammen på et kastespyd slik det fremgår av figur 81.

Jeg har tidligere (Olsen 1984) argumentert for at disse

Figur 81. Inuit-gutt med fuglespyd og fangst (etter J.W. Vanstone 1984). Bildet er tatt i 1924 i Yukon-deltaet i Vest-Alaska.

andre sesongboplassene lå i innlandet, og at vi følgelig har å gjøre med et bosetningsmønster basert på flyttinger mellom kyst og innland. Til inntekt for dette kan man ta sammensetningen av fangstredskapene, hvor mange er spesialisert for fangst i innlandet. Det gjelder ulike spisstyper, blant annet for reinjakt, samt lystergafler (figur 82 og 97). De mange tre- og firesidige «reinpilene» kan tyde på utstrakt reinfangst i innlandsområdet, og lystergaflene kan kun anvendes ved elve- og innsjøfiske av for eksempel laks og gjedde (Nesheim 1947:71, Leem 1767:335) (figur 83). Maritime fangstredskap, som fiskekroker, opptrer selvsagt også i store mengder, men blant dem er det altså angler spesialisert for sommerfiske etter sei som dominerer (Olsen 1983). En analyse av eggvinklene på skraperne indikerer at disse ikke har vært benyttet til

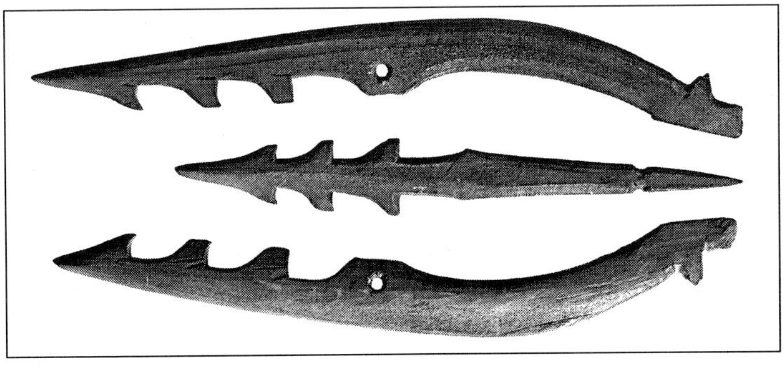

Figur 82. Lystergaffel av bein fra Mestersanden, Kjelmøy. De tre særdeles godt bevarte lystertennene ble funnet under Solbergs utgravning i 1910. Det bemerkelsesverdige er at de lå nøyaktig slik de er avbildet her. Trolig har lystertennene vært festet til et treskaft som har forvitret i skjellsanden. Lystergafler ble brukt til elvefangst av laks og sjøørret, slik det fremgår av figur 83.

Figur 83. Netsilik-inuiter på lysterfiske i Pelly Bay-området, Nord-Canada i 1963 (etter A. Balikci 1984).

skraping av skinn, men heller til arbeid i tre, bein eller horn (Olsen 1984:154–155). Dette tyder ikke på utstrakt reinfangst fra boplassene. Sommerfangst av rein er da heller ikke særlig gunstig, på grunn av lav kjøttvekt og dårlige skinn på denne årstida. Bein av mår og bever, med biotoper i skogsområder som på dette tidspunkt lå ca. 6 mil inne i landet, tyder også på en orientering mot innlandet. I de østsamiske siidaene ble fangst av bever tradisjonelt drevet om vinteren (Storå 1971), og beverkjevene kan ha blitt brakt til Mestersanden fra vinteropphold i Pasvikdalen.

Som et argument for at vinterboplassene til Kjelmøy-Kjøøy-beboerne lå i innlandet, har jeg tidligere anført at nesten samtlige beinfigurer i materialet fra Mestersanden er av landdyr som elg og bever (Olsen 1984:156) (figur 84). Jeg mente dette viste at den kulturelle orientering mot innlandets ressurser var langt sterkere enn orienteringen mot kystens og havets. Selv om dette *kan* være en riktig tolkning, så kan vektleggingen av landdyr også være uttrykk for noe helt annet: nemlig kystgrup-

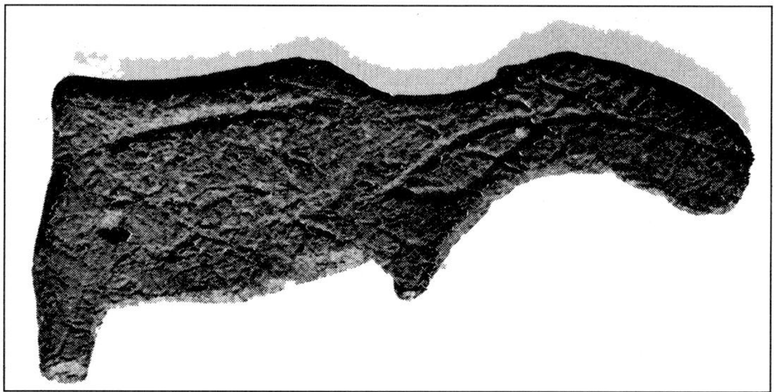

Figur 84. Elgfigur av bein fra Mestersanden, Kjelmøy. Linjen gjennom hodet til utvidelsen nær halsen, er av enkelte tolket som en «livslinje» som leder til dyrets hjerte.

pers kommunisering av et symbolsk fellesskap med grupper i innlandet (sml. tolkningen av helleristningene over). Derfor er det vanskelig å bruke de nevnte figurene som belegg for et eventuelt vinteropphold i innlandet.

Inne i Pasvikdalen finner vi en rekke boplasser fra tidlig metalltid. Flere av dem, som Noatun-lokalitetene, Gravholmen og Svanvik, har også keramikk av Kjelmøy-type (Simonsen 1963, Jørgensen og Olsen 1988:24–26). De kan ha vært noen av høst- og vinterboplassene for Kjelmøy-folkene. Problemet med dette innlandsmaterialet er at lokalitetene er kronologisk blandet. Derfor er det, når vi ser bort fra keramikken, svært vanskelig å skille ut redskaper som tilhører Kjelmøy-fasen, særlig siden vi heller ikke har bevart beingjenstander fra innlandsområdene.

Min konklusjon er likevel at vi i Sør-Varanger har å gjøre med et bosetningsmønster der man flytter mellom sommerboplasser på kysten og høst- og vinterboplasser i innlandet. Dette representerer en klar endring i forhold til siste del av yngre steinalder, men er også forskjellig fra det vi finner i Varanger i den tekstilkeramiske fasen.

Forflytter vi oss vestover langs Finnmarkskysten, er bildet av bosetningen i Kjelmøy-fasen relativt entydig: De store, nedgravde hustuftene forsvinner (med et mulig forbehold for Mortensnes-husene i Varanger), og de vanligste lokalitetene fra denne tida er åpne flygesand- eller flatmarksboplasser. De store tufteboplassene fra yngre steinalder og første del av den tekstilkeramiske fasen synes enten å bli forlatt eller å bli brukt til mer sporadiske sesongopphold, slik at det ikke ble reist permanente boliger (Andreassen 1985, 1989:32–33; E. Helskog 1983, Schanche 1988). Dateringen av ett av husene på boplassen i Iversfjord til Kjelmøy-fasen (E. Helskog 1983:54–55) kunne tyde på at de nedgravde husene likevel ikke forsvant. Som jeg imidlertid har argumentert for over, er ikke denne dateringen representativ for huset og dets inventar, som trolig heller bør tidfestes til overgangen mellom yngre steinalder og tidlig metalltid. Det dateringen til Kjelmøy-fasen derimot kan vitne om, er nettopp en sesongvis bruk av lokaliteten uten at permanente boliger er blitt reist. Eksempler på slik bruk kjenner vi blant annet fra Indre Molvik i Måsøy kommune i Vest-Finnmark (Andreassen 1989:32–33) og Slettnes (Damm m.fl. 1993). På en av Slettnes-lokalitetene var det spor av sekundær bosetning fra siste årtusen før Kristus i flere av tuftene fra begynnelsen av tidlig metalltid.

Under undersøkelsene på Slettnes i 1992 gravde vi ut et hus som kan gi en indikasjon på hva som skjer med bolig og bosetning på kysten av Finnmark i slutten av tidlig metalltid (figur 85). To 14-C-dateringer fra ildstedet ga som resultat henholdsvis tidsrommene 342–42 f.Kr. og 77–250 e.Kr. Dateringene spriker noe, men viser at huset er fra tida omkring Kristi fødsel. Tufta var rund og markert gjennom en ryddet gulvflate omgitt av et steinsatt veggfundament. Gulvet var ikke nedgravd, men lå tilnærmet i plan med det omgivende terrenget. Huset hadde kun ett ildsted, og det var plassert i sentrum. Den bakre del av tufta var delt av to rekker med stein som løp som en åpning fra ytterveggen og helt inn til ildstedet (Olsen 1993).

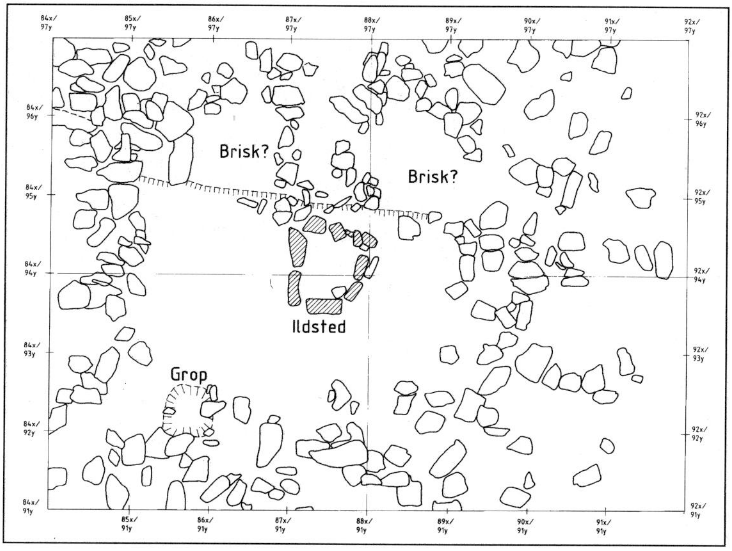

Figur 85. Plantegning av utgravd hustuft fra Slettnes. Tufta, som er datert til ca. Kristi fødsel, har et rundt grunnplan uten innvendig forsenkning. Legg merke til steinrekkene som løper inn mot ildstedet.

Dette huset fra tida omkring Kristi fødsel er klart forskjellig fra både husene i yngre steinalder og de husene vi kjenner fra andre årtusen før Kristus. Grunnplanet i huset har derimot mange likheter med det vi finner i den samiske rundgammen. Dette gjelder ikke bare den sirkulære formen med et sentralt plassert ildsted, men også oppdelingen av det indre rommet bak i tufta (figur 86). Det er ikke foretatt utgravninger av tilsvarende hus i Finnmark tidligere, men i Jokanga, på Kolahalvøyas nordkyst, gravde den finske etnografen T. Itkonen ut ei lignende tuft tidlig i dette århundret (Itkonen 1918). Denne såkalte Jokanga-gammen er trolig òg fra århundrene rundt Kristi fødsel, og det er interessant at også rominndelingen er tilnærmet identisk i de to husene. Det forhold at gulvplanet i disse husene ikke er nedgravd, gjør det vanskelig å finne sporene etter slike hus på overflaten.

Slettnes-huset var svært funnfattig, og selv om dette til en viss grad må tilskrives bevaringsforholdene, er det trolig også et resultat av at tufta representerer kortvari-

Figur 86. Inndelingen av gulvflata i ei samisk rundgamme (etter K. Leem 1767). I sentrum av gammen lå et steinsatt ildsted. Gulvplanet var delt inn i ulike rom ved hjelp av trestokker. Trestokkene som leder inn til ildstedet fra døråpninger foran og bak i gammen, kunne erstattes av steinrekker. Inndelingen av gulvflata markerte hvor ulike kategorier av familien kunne sitte.

ge opphold. Dette forholdet må sees i sammenheng med den økte mobiliteten i fangstsamfunnene i siste årtusen før Kristus. Som følge av den blir husene lettere og mindre permanent konstruerte, noe som også kan forklare hvorfor vi har hatt så vanskelig for å finne spor etter hus i Kjelmøy-fasen, ikke minst i årtusenet etter Kristi fødsel (Schanche 1992, Olsen 1993).

På Finnmarksvidda finner vi mer eller mindre det samme mønster som det som ble beskrevet ovenfor for den tekstilkeramiske fasen. Jeg skal utdype litt av det jeg skrev, med bakgrunn i materialet fra tre lokaliteter ved Virdnejávri i Kautokeino kommune (figur 87 og 88), henholdsvis Bárjesuolu, Virdnejávri 106 og Virdnejávri 112 (Simonsen 1985, Olsen 1985a, 1986; Hood og Olsen 1988). Bárjesuolu er, som navnet tilsier, en liten holme som ligger i nordenden av innsjøen. Foruten en del Kjelmøy-keramikk ble det her hovedsakelig funnet avslag (også mange større avslag) og kjerner. Virdnejávri 106 ligger på bredden øst for Bárjesuolu, og her ble det funnet mye Kjelmøy-keramikk, mye (rå-) asbest og mange skrapere, men relativt få avslag og kjerner. På boplassområdet ble det også avdekket en del strukturer i form av teltringer eller vindskjul, ildsted og kullgroper. Et fellestrekk for Bárjesuolu og Virdnejávri 106 er at det ble funnet svært få spisser. Som tidligere nevnt er imidlertid dette et karakteristisk trekk ved materialet fra

Figur 87. Utsikt over Virdnejàvri i 1985. I forgrunnen boplass 112. Bàrjesuolo og Virdnejavri 106 ligger lengst bort i den nordre enden av innsjøen. Langs bredden ser man at skogen hogges i neddemmingssonen. I 1987 lå boplassene under vann.

Virdnejávri 112, som ligger i sørenden av Virdnejávri. Her ble det funnet hele 80 flatehogde spisser. Dessuten ble det funnet mye Pasvik-keramikk, en del Kjelmøy-keramikk samt store mengder avslag, primært mikroavslag fra flatehogging og kantretusjering. Ut fra materialet virker det som primærbearbeiding av steinråstoff og tilvirkning av steinredskap har vært viktig på Bárjesuolu og skinnbearbeiding og keramikkproduksjon på Virdnejávri 106, mens Virdnejávri 112 trolig har vært en lokalitet for reinfangst og tilvirkning og bearbeiding av flatehogde spisser. Selv om de fleste 14-C-dateringer samt den høye andel av Pasvik-keramikk gir en noe eldre datering enn Kjelmøy-fasen for Virdnejávri 112, viser en 14-C-datering og funn av Kjelmøy-keramikk at lokaliteten også var i bruk i siste årtusen før Kristus (Hood og Olsen 1988). Disse funksjonelle forskjellene mellom de tre lokalitetene vitner om at man selv innenfor et avgrenset sesongområde som Virdnejávri (trolig seinsommer/høst) har hatt en utstrakt differensiering av aktivitetene ved at fangstbefolkningen har fordelt seg på ulike spesialiserte lokaliteter langs innsjøen. En slik fordeling kan også avspeile en sosial arbeidsdeling mellom menn og kvinner.

En ytterligere differensiering av den økonomiske utnyttelsen av Virdnejávri-området

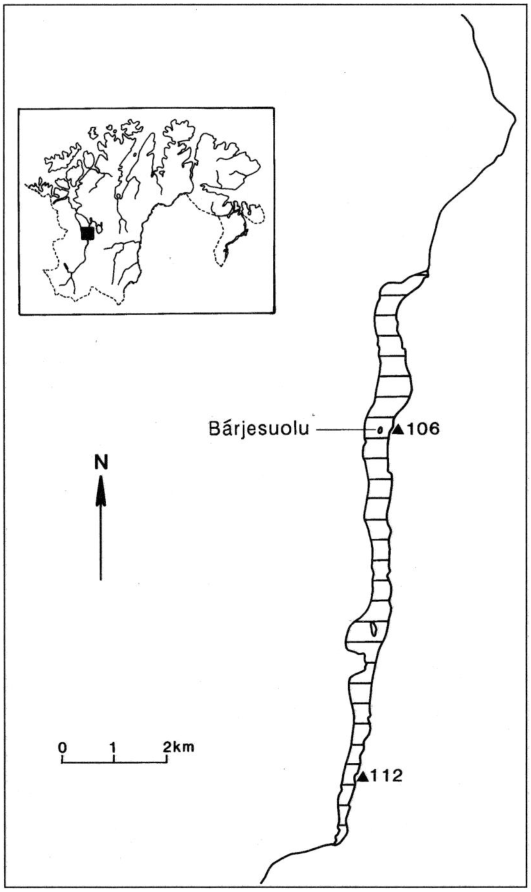

Figur 88. Lokaliseringen av de tre største boplassene fra tidlig metalltid ved Virdnejavri.

det kan ha tilkommet i Kjelmøy-fasen gjennom jernproduksjon. På Virdnejávri 112 ble det funnet spor etter jernbearbeiding i form av en slaggklump som var smeltet fast til et skår av Kjelmøy-keramikk (Hood og Olsen 1988). Lignende funn av jernbearbeiding er kjent fra det nordfinske og det nordsvenske området (Hulthén 1991, Baudou 1991), og det er grunn til å anta at jern har blitt økonomisk og sosialt viktig blant fangstsamfunnene i nordre Fennoskandia i Kjelmøy-fasen.

OPPSUMMERING

I Kjelmøy-fasen er det etablert en homogen keramisk tradisjon i hele Finnmark. Dette kan tyde på at de strenge territoriale grensene mellom kyst og innland som synes å eksistere i slutten av yngre steinalder og begynnelsen av tidlig metalltid, nå for alvor er oppløst. Sesongflyttinger mellom kyst og innland, som vi hadde eksempler på i begynnelsen av yngre steinalder, blir på ny vanlige. Samtidig med at vi ser en kraftig intensivering i bruken av innlandsområdene i tidlig metalltid, går de nedgravde husene på boplassene langs kysten av Finnmark ut av bruk. Når de forsvinner i siste årtusen før Kristus, har det trolig sammenheng med økende mobilitet i kystområdene. Boplassene blir flyttet oftere og lenger, og husene blir mindre og lettere konstruert. Dette bosetningsmønsteret synes for øvrig å vedvare på Finnmarkskysten til langt inn i vårt eget årtusen (Olsen 1984, Schanche 1988).

SOSIALE FORHOLD

I løpet av tidlig metalltid skjedde det betydelige sosiale, økonomiske og kulturelle endringer i jeger-samlersamfunnene i Finnmark. De store, semisedentære kystsamfunnene brytes opp i mindre og mer mobile enheter, samtidig som bruken av innlandet intensiveres. Mens kontakten med fjerntliggende områder hadde vært svært begrenset inntil omkring 2000 f.Kr., øker den markert i de to påfølgende årtusen. Forbindelseslinjene går især østover til metallproduserende samfunn i Karelen, og etter hvert også til Sentral- og Øst-Russland.

De første belegg for en forsterket kontakt opptrer i form av enkelte kopperfunn fra kysten av Finnmark. Jeg har tidligere omtalt kopperdolken som ble funnet i ei Gressbakken-tuft i Karlebotn (figur 89), og i tillegg kjenner vi to andre kopperfunn fra Finnmark, begge fra den *tekstilkeramiske fasen* (1800–900 f.Kr.). Det første av disse er en pilspiss av hamret kopper fra Lebesby i Laksefjorden. Den ble funnet i ei hustuft sammen med flatehogde spisser, Sunderøy-piler og asbestkeramikk av Lovozero-typen (Gjessing 1935:39–42, 1942:341; Jørgensen og Olsen 1988:31–32). Av konteksten kan vi slutte at dette funnet neppe er yngre enn 1500 f.Kr. Det andre kopperfunnet utenom Karlebotn-dolken er en hamret kopperplate fra Storbukt på Magerøya. Den ble funnet på en flatmarkslokalitet sammen med tekstilkeramikk og imitert tekstilkeramikk samt skrapere av kvarts og kvartsitt (Gjessing 1935:32–33, 1942:340–341; Jørgensen og Olsen 1988:32).

De første belegg for bronsestøyping er et løsfunn fra Jarfjord i Sør-Varanger (figur 90). Det består av to støypeformer av kleberstein, henholdsvis begge halvdeler til en dolk- eller spydspiss og den ene halvdelen til en dolk (Simonsen 1963:244–245, Bakka 1976:13–14). Vi kjenner dessverre ikke funnkonteksten nærmere, men ut fra formlikheter med sentralrussiske dolker kan dette funnet dateres

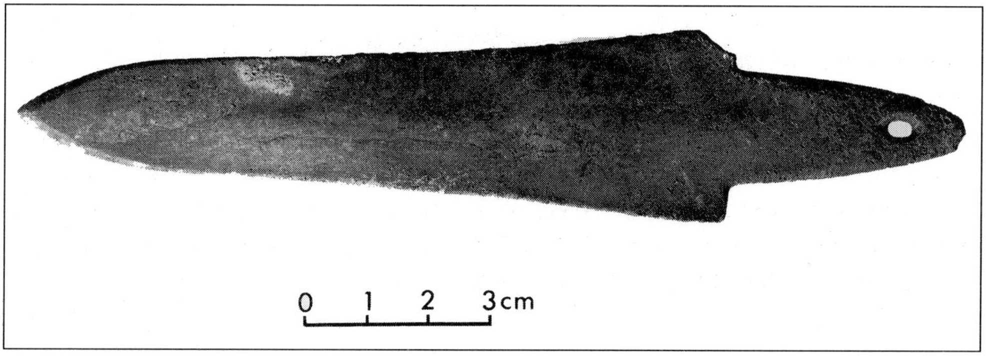

Figur 89. Kopperdolk funnet i Gressbakken-tuft i Karlebotn. Kopperet er kaldhamret og dolken kan være fremstilt lokalt av importert råstoff.

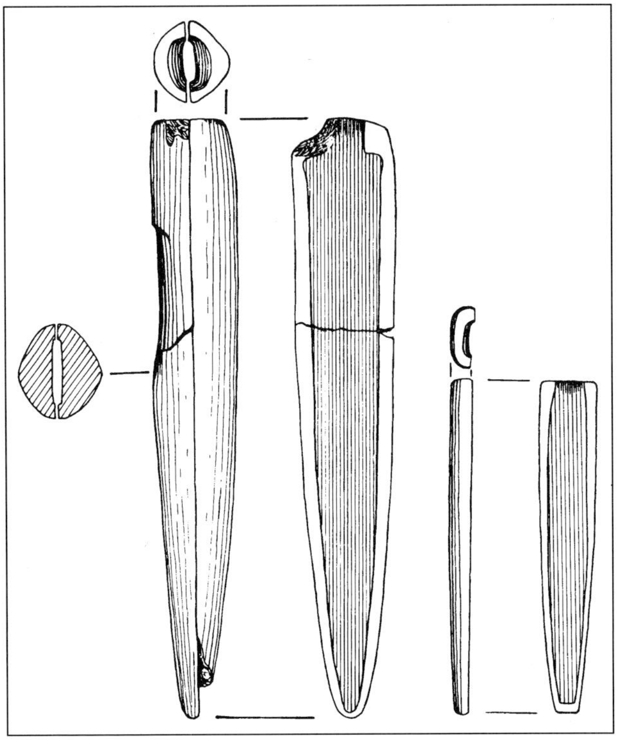

Figur 90. Støypeformer av kleberstein funnet i Jarfjord, Sør-Varanger (etter P. Simonsen 1963). Formene er blitt brukt til å støype dolker eller spydspisser av bronse.

til den tekstilkeramiske fasen. Ifølge Carpelan (1975:29) er denne typen dolker gjerne knyttet til tekstilkeramikk og imitert tekstilkeramikk. At det ble funnet to former uten andre gjenstander, kan tyde på en depotnedleggelse.

Vi har altså bare fire funn av metall og metallrelaterte artefakter som med sikkerhet lar seg datere til andre årtusen før Kristus. Dette er selvsagt spinkelt, men viser likevel at samfunnene i Finnmark har vært i kontakt med metallproduserende samfunn. Hvis vi ser utover Finnmark, er det en signifikant mengde østlige metallfunn fra Nord-Russland, Nord-Finland og Nord-Sverige som kan dateres til den tekstilkeramiske fasen (Tallgren 1937, Bakka 1976, Huurre 1986, Shumkin 1990). Det er derfor grunn til å anta at jeger-samlersamfunnene i nordre Fennoskandia i løpet av andre årtusen før Kristus blir involvert i økonomiske transaksjoner med østlige metallproduserende samfunn.

I Karelen begynner produksjon av kopperredskap i løpet av tredje årtusen før Kristus (Zuralev 1975), og det er mulig at de tidlige kopperfunnene i Finnmark har sin opprinnelse her. Kopper kan ha blitt innført som plater lik dem som er funnet på Storbukt, og seinere hamret om til redskap. Den «hjemlige» formen på kopperdolken fra Karlebotn (Schanche 1989) kan tyde på dette. I første halvdel av den tekstilkeramiske fasen får vi ekspanderende metallproduserende samfunn i Sentral- og Øst-Russland. Det teknologisk fremskredne Seima-Turbino-komplekset (1800–1200 f.Kr.) resulterte tidlig i en omfattende produksjon av bronser, især celter, spyd- og dolkspisser. Disse og bronser fra seinere kompleks ble brukt i sosioøkonomiske transaksjoner med pelsproduserende jeger-samlersamfunn i skogsområdene i nord og nordvest (Tallgren 1937, Bakka 1976, Huurre 1986, Shumkin 1990). Ser vi dette

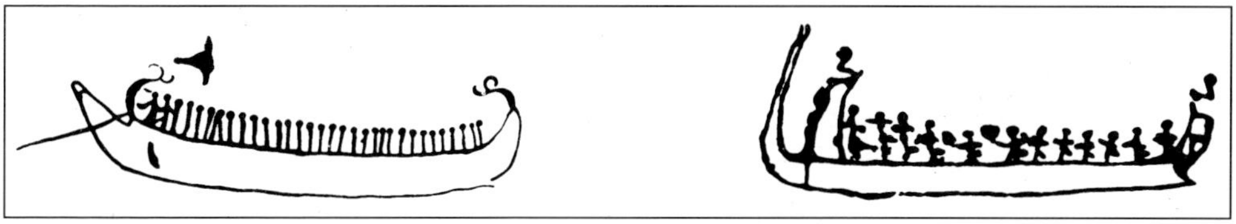

Figur 91. Helleristninger av båter datert til perioden 1700–500 f.Kr. fra Hjemmeluft, Alta (etter K. Helskog 1988). Båtene ligner de man finner på ristninger fra bronsealder og før-romersk jernalder i Sør-Skandinavia.

i sammenheng med funnene fra nordre Fennoskandia, betyr det at samfunnene i Finnmark i andre årtusen før Kristus kan ha blitt dratt inn i øst-vest-gående utvekslingssystem hvor metall ble byttet mot pelsverk og andre nordlige produkt (Hood 1988b:76). Metall kan i begynnelsen ha blitt spredt i nordre Fennoskandia gjennom allerede etablerte utvekslingssystem fangstsamfunnene imellom. Dette betyr at de nordligste samfunnene, som de i Finnmark, kan ha fått metall lenge før de kom i direkte kontakt med metallproduserende grupper.

Helleristningene fra den siste fasen i Alta (1700–500 f.Kr.) åpner også for et annet perspektiv (figur 91). I denne fasen er det avbildet flere båter enn i noen av de tidligere fasene, og mange av båtene er av en type man gjerne forbinder med sørskandinaviske bronsealderristninger (K. Helskog 1983, 1988). Fra samme tidsrom kjenner vi også en scene der to individ slåss med sverd og skjold. Disse trekkene kan indikere at det skjedde en ekspansjon av sørskandinaviske sosioøkonomiske system i Nord-Norge i bronsealderen. Klare holdepunkter for det har vi fra Nordlandskysten så langt nord som til Steigen, og også langs den finske og den svenske Bottenviks-kysten. Vi har imidlertid ingen belegg i form av funn eller graver for en slik sørskandinavisk ekspansjon så langt nord som Alta. Det kan også reises tvil om båtristningene fra den siste fasen i Alta virkelig representerer sørskandinaviske former. Uansett er det så problematisk å knytte en eventuell ekspansjon helt nord til Alta sammen med de båtene som er avbildet på ristningene, at jeg skal la dette ligge her (se Hood 1988b:76, 1992:312–313).

Hvis vi antar at samfunnene i Finnmark primært var involvert i transaksjoner med østlige samfunn, hvilke konsekvenser fikk da denne kontakten for jeger-samlersamfunnene i Finnmark? Jeg skal indirekte forsøke å svare på dette gjennom å drøfte hva som skjer av sosiale endringer i Finnmark i de to fasene av tidlig metalltid.

I Varanger opphører Gressbakken-husene omkring 1800 f.Kr., og generelt ser vi en tendens til økende mobilitet i andre årtusen før Kristus langs hele kysten av Finnmark. Samtidig ser vi en intensivering i bruken av innlandsområdene. Dette er forhold som jeg tror er forbundet med hverandre, og jeg skal begynne med å se nærmere på problemet vedrørende Gressbakken-fasens opphør.

Jeg har tidligere lansert en modell som skulle forklare hvorfor Gressbakken-institusjonen bryter sammen samtidig med at vi får økende mobilitet (Olsen 1984:160, 212–213, 217–218). Denne modellen var i hovedsak relatert til konsekvensene av skogens tilbaketrekking fra kysten i tidlig metalltid. Avskogingen av kysten medførte at biotopene til en rekke dyrearter som elg, bever og bjørn ble forrykket sørover. Dette var dyr som var viktige ikke bare på grunn av sin økonomiske betydning, men som også hadde stor kulturell og mytisk verdi i fangstsamfunnene. For å opprettholde et kulturelt determinert mønster for ressursutnyttelse må man foreta stadig lengre fangstekspedisjoner, og det medfører til sist at man oppgir et sedentært liv. Skogens tilbaketrekking fører også til økt avstand mellom reinens vinter- og sommerbeiter. De sesongvise trekkene av store reinflokker gjør strategisk fangst med store fangstanlegg fordelaktig, men dette krever en kollektiv arbeidsorganisering. Den antatt husholdsbaserte arbeidsorganisasjonen i Gressbakken-fasen, med to–tre samarbeidende familier (Olsen 1984:211–212) er ikke tilstrekkelig for slik fangstvirksomhet og må derfor oppgis. Den nye sosiale sammenslutning får form av en rein band-organisering, med kjernefamilien, og bandet som helhet, som de grunnleggende sosiale enheter.

Det er en lang rekke problem knyttet til denne modellen. For det første begynner skogen å trekke seg tilbake allerede 3800 f.Kr., selv om tilbaketrekkingen trolig ble mer markert i tidlig metalltid. For det andre synes samfunnene i periode III å være svært maritimt orientert, slik at en tilbaketrekking av skogen ikke burde få så store konsekvenser. For det tredje kunne en kompleks fangstorganisering ha vært fordelaktig for potensielle ledere, ved at den ga dem mulighet til å øke sin makt og sin skare av tilhengere. Følgelig var den ikke nødvendigvis uforenelig med de sosiale relasjoner i Gressbakken-samfunnene.

Når vi skal forstå denne endringen, tror jeg heller vi må knytte den til to andre faktorer: (1) interne konflikter i Gressbakken-samfunnene, og (2) økt vektlegging av reinjakt og pelsdyrfangst som følge av eksterne sosioøkonomiske relasjoner. De interne konfliktene i Gressbakken-fasen ble beskrevet i forrige kapittel. Det ble der hevdet at mange trekk ved den materielle kulturen (blant annet husenes indre og ytre organisering) og den atferden som var forbundet med denne, kunne tolkes som forsøk på å maskere underliggende konflikter i samfunnet gjennom signalisering av likhet og orden. Etter hvert kan konfliktene mellom ulike sosiale kategorier, som kjønn, hushold og ledere, ha blitt så alvorlige at man ikke kunne avverge at grupper brøt ut og etablerte nye sosiale enheter. De konfliktforebyggende sosiale mekanismer man rådet over, var ikke tilstrekkelige til å hindre sosial fragmentering. I denne sammenheng kan begynnende sosioøkonomiske forbindelser med metallproduserende samfunn også ha spilt inn. Nye objekt av metall kan ha blitt brukt til både å legitimere og å øke sosiale forskjeller som allerede var til stede i Gressbakken-samfunnene, men de kan også ha fått uforutsette sosiale konsekvenser som har truet etablerte mønster, for eksempel mellom kjønnene (Sharp 1952).

Uansett har den nye kontakten med andre samfunn gitt tilgang til metall, som kunne utnyttes i så vel sosiale som økonomiske strategier. For å få metall må man imidlertid ha noe å gi tilbake. Dette krever en overskuddsproduksjon som kan kanaliseres til de gryende markeder i øst. Det er fristende å se den intensiverte bruken av innlandsområdene som et utslag av et slik behov for økt produksjon av pelsvarer. På Finnmarksvidda og i Pasvikdalen øker antallet lokaliteter betraktelig i andre årtusen før Kristus. Inventaret på disse lokalitetene, i form av tallrike funn av flatehogde spisser og skrapere, vitner nettopp om en klar orientering mot jakt og skinnbearbeiding (figur 92). Spørsmålet er imidlertid om vi kan se den intensiverte bruken av innlandet som uttrykk for at kystgrupper sesongvis jakter her. Dette kan være tilfellet på lokaliteter som Ala-Jalve i Tanadalen (Rankama 1986), men er mindre åpenbart for Pasvik og Finnmarksvidda. Som det fremgikk over, synes det i den tekstilkeramiske fasen fortsatt å være store forskjeller i den materielle kulturen mellom kyst og innland, og det er lite som tyder på at kystgrupper skulle ha brukt innlandslokalitetene. Den utstrakte bruken av Pasvik-keramikk i innlandet (bare to lokaliteter med tekstilkeramikk eller imitert tekstilkeramikk er kjent fra Finnmarksvidda, ingen fra Pasvik) (Jørgensen og Olsen 1988) kan tyde på sterkere markering av territorielle rettigheter fra innlandsbefolkningens side (figur 93). Dette kan ha kommet til som resultat av områdets økende økonomiske betydning og press fra kystgruppenes side. Ettertraktede fangstdyr representerte en form for «knapphet» som det var verd å organisere interessegrupper rundt (Olsen 1984:217).

Figur 92. Flatehogde spisser funnet på Lyngmo i Pasvikdalen. Slike pilspisser er svært vanlige på innlandsboplassene. Kanskje har dette sammenheng med en intensivering av pelsdyrjakten i andre årtusen før Kristus.

Vi kan selvsagt ikke se bort fra at kystgrupper bosetter seg permanent i innlandet og etablerer en «innlandsidentitet», selv om dette måtte ha skapt konflikter med opprinnelige innlandsgrupper. Slektskapsallianser og ekteskap kan imidlertid ha

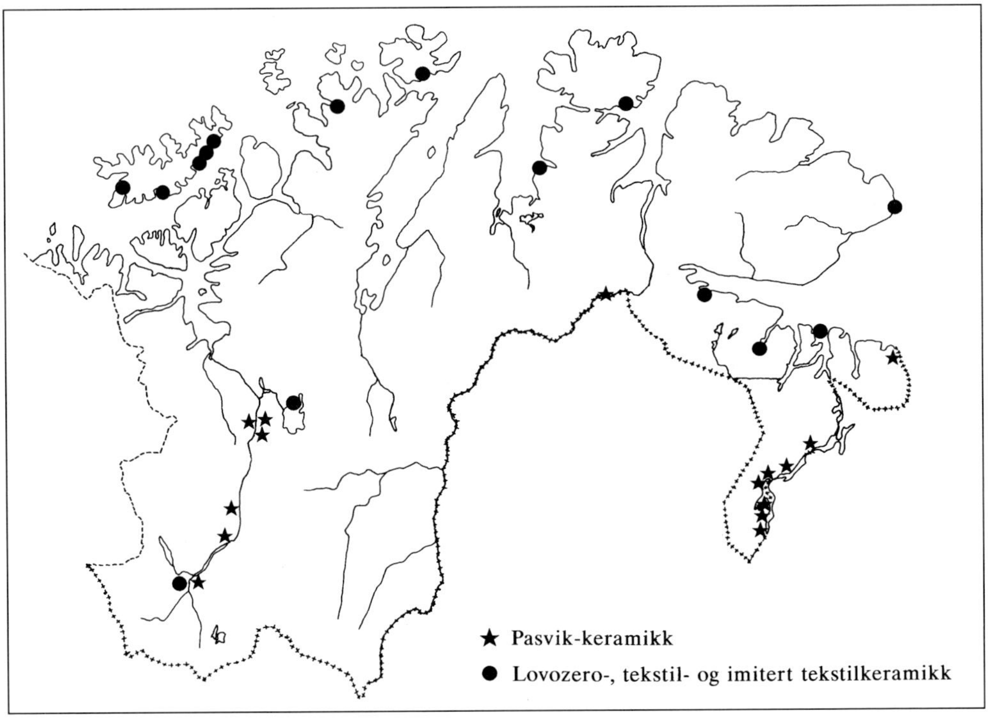

Figur 93. Funnsteder for ulike typer asbestkeramikk fra andre årtusen før Kristus i Finnmark.

lettet den sosiale tilgjengeligheten mellom kyst og innland. Uansett kommer vi ikke forbi at den intensiverte bruken av innlandsområdene i den tekstilkeramiske perioden ikke synes å være resultat av kystgruppers sesongvise opphold i innlandet. Den materielle kulturen vitner om klare sosiale barrierer mellom kyst og innland.

I Varanger kommer vi heller ikke forbi «problemet» med Mortensnes-tuftene. Som vist over synes de å avløse Gressbakken-tuftene her, og de ser ut til å ha vært i bruk i den tekstilkeramiske fasen. Til forskjell fra Gressbakken-husene mangler husene på Mortensnes klart markerte innganger, møddingakkumulasjonen er liten, og ildstedet er enkelt og asymmetrisk plassert i huset. Imidlertid er også Mortensnes-husene klart rekkeorganiserte (Schanche 1988). Ingen av (de få) beingjenstandene fra Mortensnes-boplassen er ornerte, noe som for øvrig heller ikke er vanlig for beinmaterialet fra denne perioden i Varanger (Gjessing 1935). Sammenlignet med Gressbakken-husene synes derfor Mortensnes-husene å være preget av mindre symbolisme og mindre ritualisering av atferd. Det *indre* har heller ikke den bilaterale symmetri som preget Gressbakken-husene. Dette ser ut til å peke i retning av et samfunn uten de kontrollmekanismer og sosiale sanksjoner som vi kjenner fra de foregående århundrene. Konfliktnivået synes å være redusert, og det er lite som tyder på sosial differensiering. Vi kjenner for øvrig ikke graver fra denne fasen.

Det er imidlertid et interessant trekk at det indre av Mortensnes-husene, med ett asymmetrisk plassert ildsted, kan sies å stå i motsetning til deres ytre symmetriske rekkeorganisering. Den manglende «orden» i husenes indre kan bety at de i liten grad har vært arena for sosial kontroll, og dette kan ha sammenheng med den antatt mer mobile livsformen, hvor man tilbringer mindre tid av året på boplassene (og følgelig i husene). At tuftene bare har ett ildsted, og også er mindre enn Gressbakken-tuftene, kan tyde på at flerfamiliehusholdet nå avløses av kjernefamilien. Den økte mobiliteten i den tekstilkeramiske perioden, med sesongvis oppsplitting av samfunnet, kan dessuten ha virket konfliktforebyggende. Husenes (ytre) rekkeorganisering kan være en understrekning av egalitære verdier når gruppen samles på hovedboplassen.

Boplasser med Mortensnes-tufter kan være betydelig større (det vil si ha flere tufter) enn Gressbakken-boplassene i Varanger-området, men de er langt sjeldnere. Faktisk er de to feltene på Mortensnes, med til sammen 107 tufter, de eneste virkelig store lokaliteter. De fleste boplassene er små, ofte med bare to–tre tufter. Dette kan bety at Gressbakken-systemet, med mange (semi)sedentære «grender» innenfor ett territorium, i løpet av andre årtusen før Kristus avløses av en territoriell organisering med en fellesboplass og flere sesongboplasser.

Den tekstilkeramiske fasen byr på mange tolkningsproblem; ikke minst gjelder det for Varanger, der tilkomst av en ny hustype skaper «komplikasjoner». Endringen av Gressbakken-samfunnene kan relateres til interne konflikter i samfunnet, men det er uklart i hvilken grad og på hvilken måte eksterne sosioøkonomiske relasjoner også bidro til at endringen skjedde. En økende mobilitet kan òg ha bidratt til å løse Gressbakken-samfunnenes interne problem. I Finnmark for øvrig ser vi en klar nedgang i antall hustufter særlig fra siste del av den tekstilkeramiske fasen. Det er grunn til å anta at en økende mobilitet gjør seg gjeldende, men det er høyst usikkert i hvilken grad kystgrupper deltar i den intensiverte bruken av innlandet. Territorielle restriksjoner synes å tilta i innlandet når dets økonomiske betydning øker. Det arkeologiske materialet samt de demografiske konsekvenser vi må anta at mobiliteten hadde, kan peke i retning av at folketallet på kysten har blitt redusert. Den økte aktiviteten i innlandet kan tolkes som uttrykk for at det motsatte skjer her.

I løpet av *Kjelmøy-fasen* (900–0 f.Kr.) blir forskjellene i den materielle kulturen mellom kyst og innland utvisket. I kystområdene forsvinner de nedgravde hustuftene helt, og en utstrakt boplassmobilitet gjør seg gjeldende. Et bosetningsmønster basert på flyttinger mellom kyst og innland kan ha blitt vanlig, slik det er belagt i Sør-Varanger. Kjelmøy-keramikken blir enerådende som keramisk tradisjon (se figur 95), så vel i Finnmark som over store deler av nordre Fennoskandia ellers. Samtidig intensiveres forbindelsene med områdene i Øst-Russland, og til forskjell

Figur 94. Knivskaft av bein fra Kjelmøy. Rustmerker i skaftfestet vitner om at disse knivene har hatt jernblad. Ornamentikken på skaftene har mange likhetstrekk med den man finner på samisk beinsløyd.

fra det vi kjenner fra den tekstilkeramiske fasen, blir metallredskap en viktig del av teknologien.

Klarest kommer metallbruken til uttrykk i materialet fra Kjelmøy. Oddene på fire fiskekroker, to selharpuner (figur 73) og en pilspiss har alle vært jernforsterket (Solberg 1909:39, 45). 58 knivskaft (og tre sylskaft) må ha hatt jernblad, fordi det er klare rustmerker i festet, og dessuten er det bevart jernblad i to av beinskaftene (figur 94). Osteologer som har analysert snitte- og kuttemerker på beinene, mener også at de må være påført med metallredskap (blant andre H. Winge, i Solberg 1909:22). Under utgravningene på Makkholla i 1982 ble det funnet et knivskaft og et jernfragment i en sikker stratigrafisk kontekst datert til ca. 600 f.Kr. I tillegg er det funnet en del av en støypeform på Mestersanden. Belegg for lokal jernbearbeiding har vi som tidligere nevnt fra Virdnejávri 112 (Hood og Olsen 1988:113–114), og langt mer omfattende vitnesbyrd kjennes fra det nordfinske, det nordsvenske og det nordrussiske området (Kehusma 1972, Carpelan 1975, Huurre 1975:59–60; 1986:57, Baudou 1991, 1993: 109–110; Hulthén 1991, Hjärthner-Holdar 1993:26–37).

Denne utstrakte bruken av metall i siste årtusen før Kristus har trolig sammenheng med de utvekslingssystem som ble etablert mellom Ananino-kulturen ved Kamaelva og jeger-samlersamfunnene i nordre Fennoskandia (Tallgren 1937, Bakka 1976, Meinander 1985, Huurre 1986). I siste årtusen før Kristus finner vi Ananino-bronser og støypeformer over store deler av dette området. Ananino-kulturen produserte både jern og bronse, og kjennskap til jern ble trolig formidlet gjennom at denne kulturen ekspanderte økonomisk allerede tidlig i siste årtusen før Kristus (Olsen 1984:45–48, Huurre 1986). Etter hvert kan jern ha blitt produsert lokalt, men foruten nokså mange slaggfunn på asbestkeramiske boplasser har vi bare ett konkret eksempel på «konvensjonell» produksjon fra nordre Fennoskandia: Neitilä-boplassen ved Kemijärvi i Nord-Finland. Her ble restene av en ovn, og 230 kg slagg, funnet sammen med Kjelmøy-keramikk (Kehusmaa 1972:33–35, Carpelan 1975:60, Huurre 1975:59–60). Tilsvarende spor kjennes fra boplassen Babje Guba mellom Bottenvika og Hvitehavet i det nordre Karelen, og er her datert til ca. 700 f.Kr. (Hjärthner-Holdar 1993:34–36). Imidlertid kan en mindre ressurskrevende jernproduksjon ha vært relativt omfattende dersom Hulthéns hypotese om at Kjelmøy-keramikken har vært brukt som en slags smelteovn, medfører riktighet (Hulthén 1991).

På makronivå kan den utstrakte samhandlingen med utenforliggende samfunn ha vært viktig for etableringen av en felles identitet blant fangstsamfunnene i nordre Fennoskandia, og flere arkeologer mener i dag at tilkomsten av samisk etnisitet var utkommet av denne prosessen (Olsen 1984, 1985b, Jørgensen og Olsen 1988, Odner 1983). Dette bryter klart med eldre kulturforskning, hvor samenes tilstedeværelse har blitt forklart enten ved at de var innvandret eller ved at de alltid hadde vært til stede. Disse forklaringene var basert på det synet at etniske grupper var lukkede kulturelle og biologiske enheter, som eksisterte mer eller mindre uforandret, og at mangel på kontakt med andre grupper var gunstig for vedlikeholdelsen av ens identitet. Moderne etnisitetsforskning har i større grad fokusert på etnisitet som en form for sosial organisering av kontakten mellom grupper. En gruppes identitet skapes gjennom samhandling med andre grupper, gjennom at gruppens medlemmer møter og har kontakt med noen som er forskjellig fra dem selv (Barth 1969, Olsen og Kobylinski 1991).

Overfører vi dette synet til situasjonen for fangstbefolkningen i nordre Fennoskandia i tidlig metalltid, kan vi tenke oss følgende scenario: Gjennom kontakten med fremmede samfunn «oppdager» man trekk som er felles for alle som deler ens egen livsform, og forskjelligheten i forhold til dem som bebor fjerne strøk. Kontakten etableres allerede i den tekstilkeramiske fasen, men blir for alvor sosialt relevant i Kjelmøy-fasen. Spredningen av asbestkeramikk i nordre Fennoskandia, og især Kjelmøy-keramikkens spredning i siste årtusen før Kristus, kan ha vært en viktig faktor (blant flere) i etableringen av identiteten. Den ble et sosialt kategoriserende element i samhandlingen mellom fangstfolk og metallprodusenter, og etter hvert etnisk definerende. Mellom fangstsamfunnene var en identisk keramisk uttrykksform en materiell manifestasjon av fellesskap og solidaritet.

Hvilke følger fikk så dette for fangstsamfunnene lokalt i Finnmark? Som nevnt viser det arkeologiske materialet at differensieringen mellom kyst og innland, slik den blant annet kom til uttrykk i ulike typer asbestkeramikk, har opphørt i Kjelmøy-fasen (figur 95). Dette kan ha sammenheng med etableringen av en felles identitet blant fangstsamfunnene, en identitet som kanskje også var av essensiell betydning når det gjaldt å få adgang til metall. I en slik kontekst kan det ha vært en lite ønskelig strategi å uttrykke lokale forskjeller gjennom for eksempel bruk av Pasvik-keramikk.

Nedtoningen av territorielle restriksjoner mellom kyst og innland kan ha åpnet for nye flyttemønster samt større flyt av folk og produkt mellom kyststrøk og innlandsstrøk. I Sør-Varanger ser vi konturene av et slikt flyttemønster der årssyklusen er strukturert av sommeropphold ved kysten og vinterbosetning i innlandet. Uten at

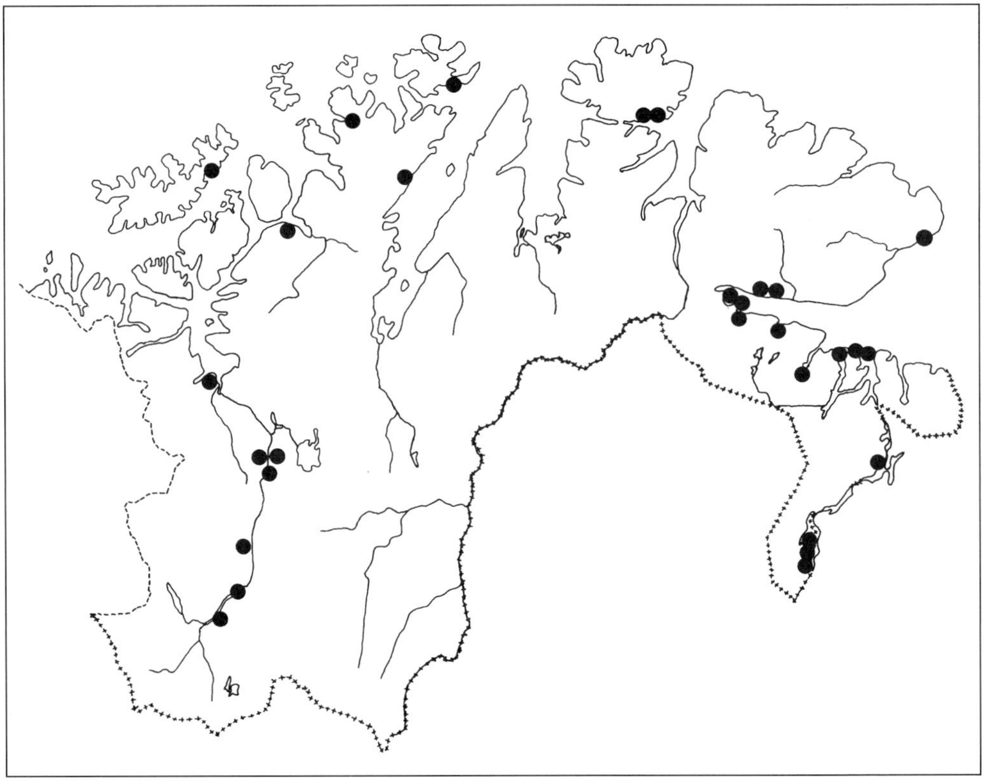

Figur 95. Funnsteder for Kjelmøykeramikk i Finnmark.

vi har data til å kunne bekrefte en slik hypotese i dag, er det mulig at dette flyttemønsteret, som er belagt fra mange deler av Finnmark i historisk tid, blir etablert nettopp i Kjelmøy-fasen, og at vi i denne fasen, slik jeg tidligere har antydet for Sør-Varanger (Olsen 1984: kapittel 7), fikk etablert de historisk kjente siida-territoriene. Funn av steinråstoff fra kysten (også pimpstein) på innlandslokaliteter, blant annet ved Virdnejávri, viser også at lokal utveksling mellom kyst og innland har funnet sted (Olsen 1985a, Simonsen 1986, Hood og Olsen 1988, Hood 1992).

Mens det er problematisk å knytte de endringene som skjer på kysten i den tekstilkeramiske fasen, til eksterne sosioøkonomiske relasjoner, synes dette mer plausibelt for de bosetningsmønster vi nå ser konturene av. Det spesialiserte utvalg og de store mengder av beinpiler fra Kjelmøy-boplassene tyder på intensiv utnyttelse av rein og andre landdyr. Sammenhengen mellom de eksterne relasjonene, endringene i bosetningsmønster og teknologisk og økonomisk spesialisering kan da ha vært følgende:

> Behovet for produksjon av pelsverk, for å kunne bytte til seg metall, kan her ha stimulert til betoningen av innlandsressursene, og til anleggelsen av vinterboplassene i innlandets skogsområder. Her var man også nærmere tilgjengelig for handelsmennene (?), da man må anta at vinteren var fordelaktig for kommunikasjon (ski og sleder) (Olsen 1984:217).

Jeg tror fortsatt at dette er en rimelig forklaring på hvorfor bosetningsmønsteret endres, selv om endringen som nevnt også var avhengig av at en «reforhandling» av territorielle grenser mellom kyst og innland hadde funnet sted (Hood 1992:65).

Det skal i denne sammenheng også nevnes at Simonsen har fremsatt en alternativ hypotese for hvorfor et nytt bosetningsmønster blir etablert i Kjelmøy-fasen. Ifølge han skjer det ved at fangstsamfunnene har gått over til å holde tamrein, og at man nå følger reinen på dens sesongvandringer mellom kyst og innland. Tamreindriften blir altså innført, og Simonsen hevder at reinbeinene i det osteologiske materialet fra Kjelmøy for en stor del må ha vært av tamrein (Simonsen 1973:180–181, 1982:561– 562). Det er imidlertid lite data som støtter en slik hypotese, og ett trekk ved det arkeologiske materialet fra Kjelmøy står direkte i motstrid til Simonsens forslag. Det gjelder eiermerkene som vi finner på en del av pilspissene fra Mestersanden (figur 96 og 97), pilspisser som det er grunn til å anta nettopp ble brukt til reinjakt (Olsen 1984:kapittel 8.3). Formålet med slike merker var at jegeren skulle kunne belegge sin suksess i jakten, det vil si at reinen tilfalt den jegeren som hadde sitt merke på pilen som felte dyret. Deretter kunne byttet deles ut til de andre samfunnsmedlemmene, noe som ga jegeren status og prestisje. I et pastoralt samfunn, som Simonsen hevder forekomsten av her, er dyrets tilhørighet (eierforholdet) klarlagt *før* det drepes. Denne tilhørigheten etableres allerede idet dyret blir født, fordi eieren av simla skjærer sitt merke inn i øret på kalven. Eiermerket sitter altså på selve dyret, og det er i prinsippet ingen tvil om hvem det tilhører, uansett hvem som dreper det. Eiermerkene på reinpilene fra Mestersanden viser derfor på en eksplisitt måte at vi har å gjøre med et fangstsamfunn og ikke et pastoralt samfunn (Olsen 1984:97–99).

Fikk så oppblomstringen i de eksterne sosioøkonomiske relasjonene, der metall om ikke flommet, så i hvert fall fløt med en viss rikelighet, noen følger for de sosiale relasjonene internt i samfunnene i Kjelmøy-fasen?

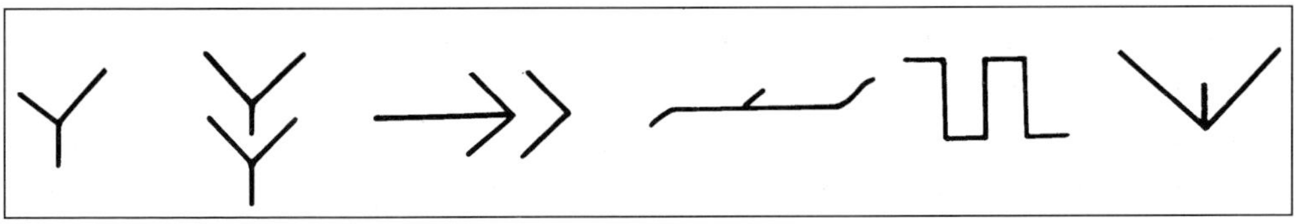

Figur 96. Eiermerker funnet på beinpiler fra Kjelmøy.

Det økte byttet må ha nødvendiggjort en viss overskuddsproduksjon som kunne brukes i bytteforbindelsene. På et eller annet vis måtte den økte produksjonen motiveres, og det kan tenkes at dette skjedde ved at de mest produktive jegerne ble tildelt høyere prestisje. En slik utvikling åpner imidlertid muligheten for at enkelte jegere får en slik autoritet at de også krever kontroll over distribusjonen av importert metall for fortsatt å ville jakte. Dette kan igjen ha ledet til økt avhengighet og asymmetriske sosiale relasjoner internt i samfunnet.

Jeg har i et tidligere arbeid (Olsen 1984:217) hevdet at denne utviklingen ikke fant sted, fordi kontroll over bytterelasjonene ble holdt atskilt fra de dyktige jegernes prestisjesfære. Dette skulle man ha maktet gjennom streng ideologisk kontroll og ved at eldre menn i kraft av sin autoritet hadde hånd om bytterelasjonene. Som indisium på at metallutvekslingen ikke skapte sosial asymmetri, anførte jeg at jern, bedømt ut fra mengden av knivskaft, må ha kommet de fleste til del, det vil si har inngått i bandets egalitære fordelingsmekanismer.

Også om vi ser bort fra det paradokset det er at eldre menns kontroll over metall skulle være uttrykk for egalitære relasjoner, er det problem med denne argumentasjonen. For det første står ikke en omfattende distribusjon av metall i motsetning til at enkelte gjennom kontroll av importen vil bruke metallet til å oppnå makt. Tvert imot er distribusjon av metallet nødvendig for å sikre innflytelse og verve tilhengere. For det andre er det vanskelig å se hvordan prestisje oppnådd gjennom jakt skulle kunne holdes atskilt fra utvekslingssfæren så lenge det var jakten som sikret de produktene som ble byttet (Hood 1992:65).

Ornamentikken på beinredskapene fra Kjelmøy kan kanskje belyse noe av dette. Som nevnt er det svært mye ornamentikk i denne fasen, og en av grunnene til oppblomstringen kan være økt kontakt utad (Olsen 1984:213), men også spenninger internt i samfunnene kan ha spilt inn. Selv om ornamentikk på beinredskap faktisk er vanligere i Kjelmøy-materialet enn i beinmaterialet fra Gressbakken-fasen, behøver ikke dette innebære noen økning i materiell symbolisme totalt sett. Mens den (materielle) symbolske kommunikasjonen i Gressbakken-fasen for en stor del skjedde gjennom utformingen av hus og graver, kan den mobile livsformen i Kjelmøy-fasen ha transformert en større andel av denne kommunikasjonen til bærbare gjenstander (Myrvoll 1992).

Samtlige pilspisser som er klassifisert som reinpiler i Kjelmøy-materialet, tre- eller firesidige spisser med mothaker, samt selharpunene, har ornamentikk i form av enkle eller doble linjer som løper parallelt i spissens lengderetning (figur 73 og 97). Denne gjennomført uniforme ornamentikken kan tolkes som en symbolsk formidling av lik rett til ressursene og en understrekning av egalitære verdier. Samtidig har en del av de samme reinpilene eiendomsmerker innrisset (figur 96 og 97), noe som synes å være forbundet med jakt som middel til å oppnå prestisje. Ut fra etnografiske analogier er det rimelig å anta at formålet med merkene var at jegeren skulle

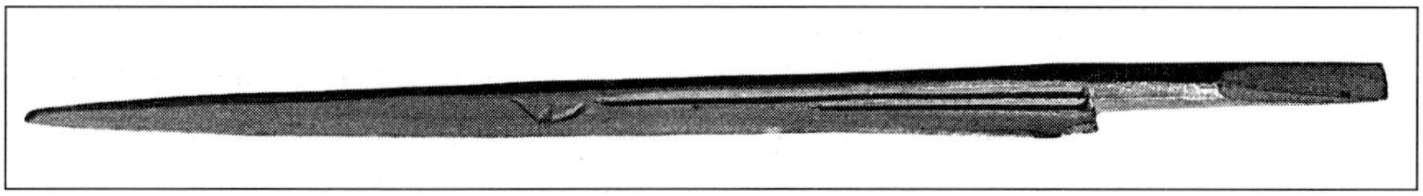

Figur 97. Beinpil med eiermerke fra Mestersanden, Kjelmøy. Pilen har spisse mothaker og et tresidig tverrsnitt. Den kan ha blitt brukt til reinjakt. Piler av denne type er alltid forsynt med en enkel strekornamentikk som løper parallelt med pilens lengderetning.

kunne belegge sin suksess i jakten, slik at han (?) deretter kunne erverve status gjennom å fordele byttet til de andre samfunnsmedlemmene. Hos Point Barrow-inuitene ble eiermerker brukt på reinpilene av jegere som følte de hadde tilstrekkelig prestisje til å legitimere dette (Spencer 1959:150). Eiermerker på pilene var altså her et uttrykk for at en viss status allerede var oppnådd, samt for en tilstrekkelig tro på egen evne til fortsatt å ha suksess i jakten.

Eiendomsmerkene fra Kjelmøy er merker som har å gjøre med individuell prestisjekreditering. Når de sitter på piler som også har ornamentikk som formidler egalitære verdier, kan det være et uttrykk for at vi har å gjøre med underliggende motsetninger i samfunnet. Det viser også at enkelte personer allerede har tilstrekkelig prestisje og innflytelse nok til å våge å anvende eiermerker, og/eller at det er sosialt rom for slike individuelle handlinger. Økt produksjon av pelsvarer fordret økt motivasjon, og dette kan ha gitt større spillerom for statustilskrivning og en viss lemping på den egalitære kontroll jegerne var underlagt.

Dette kan bety at det har vært en ikke ubetydelig sosial differensiering internt i Kjelmøy-samfunnet. Det er imidlertid vanskelig å finne uttrykk for dette andre steder enn i ornamentikken, og man skal heller ikke se bort fra at den «egalitære» ornamentikken på beinredskapene nettopp var en form for sanksjon rettet mot forsøk på individuell prestisjekreditering. Det er også høyst uklart hvordan kontroll og distribusjon av metall kan ha innvirket på en slik eventuell intern konflikt. Økt tilgang på metallredskap i Kjelmøy-fasen *kan* ha minsket redskapenes eventuelle betydning som sosiale prestisjesymboler, og kan i ytterste konsekvens ha truet eksisterende maktforhold i samfunnet. Et eksempel på uforutsette følger av metallinnføring finner vi i Sharps klassiske artikkel om introduksjonen av ståløkser i et steinbrukende jeger-samlersamfunn – Yir Yoront-gruppen – i Australia i 1930-årene. Mens slipte steinøkser tidligere hadde spilt en helt sentral rolle i denne gruppens kultur som totemisk symbol og markør for eldre menns makt i samfunnet, bidro innføringen av ståløkser til at tradisjonelle autoritetsforhold mellom kjønn og aldersgrupper ble brutt ned. Det var misjonærene som kom med ståløksene, og distribusjonen var derfor ikke underlagt de eldre menns kontroll. Man tok ikke hensyn til etablerte sosiale kategorier, og alle – uansett sosial status – kunne altså tilegne seg slike økser

Figur 98. Oppmurt gravkammer på Mortensnes-gravplassen. Over 200 graver er registrert på denne gravplassen som synes å ha vært i bruk i nesten 2000 år. Gravene varierer i størrelse og utforming. (foto A. Schanche)

(Sharp 1952). Selvsagt har ikke dette annen relevans for vår fortolkning av Kjelmøy-samfunnet enn at vi blir gjort oppmerksom på at det kan forekomme uforutsette konsekvenser av metallets introduksjon.

Metallets eventuelle sosiale betydning ble uansett relativt kortvarig. Ved Kjelmøy-fasens slutt brytes forbindelsene østover, og metall synes å bli en mangelvare blant fangstsamfunnene i det nordøstlige Fennoskandia. Samtidig med at dette skjer, forsvinner også Kjelmøy-keramikken, og den erstattes ikke av andre keramikktyper. Finnmark blir på ny et ikke-keramisk område. Faktisk har vi svært lite arkeologisk materiale fra det neste årtusen (0–1000 e.Kr.), som betegnende nok er blitt kalt den «funntomme» periode. I dette årtusen mister vi nesten alle spor etter bosetning i Finnmark (Olsen 1984, Schanche 1992).

Denne funntomheten kan kanskje forklares ut fra forhold som høy mobilitet, nedgang i folketall og liten ekstern kontakt samt restrukturering av sosiale mønster internt i samfunnene, og er kanskje «svar» på de nye omstendighetene. Uansett representerer funntomheten et reelt problem, som er forårsaket av prosesser i Finnmarks forhistorie og ikke alene kan forklares med at vi ikke har vært flinke nok til å lete (Schanche 1992:38). Det er imidlertid et problem som ikke skal berøres nærmere i dette arbeidet.

Før vi forlater fangstsamfunnene i Finnmark, skal det også bemerkes at det i det arkeologiske materialet fra siste årtusen før Kristus er trekk som peker fremover mot forhold som er historisk belagt i de samiske fangstsamfunnene. Det kan synes som at det i dette årtusenet ikke bare skjedde en etnisk konsolidering, men at også mange av de formtrekkene som i historisk tid er regnet som typisk samiske, ble skapt nettopp nå. Jeg har allerede vært inne på bosetningsmønster og boligutforming, og skal kort nevne nok et kulturtrekk: gravskikken.

I Varanger-området i Finnmark er det belegg for lang kontinuitet i den samiske gravskikken. Denne kontinuiteten kommer blant annet til uttrykk på det store Mortensnes-gravfeltet med mer enn 200 graver (Kleppe 1974, 1977). Gravene ligger i helleur og fremtrer som groper eller forsenkninger i den, ofte med et oppmurt gravkammer inni (figur 98). Skjelettene er ubrente, og det synes å ha vært vanlig å sy den døde inn i never. Ut fra skriftlige belegg og funnmateriale er det mulig at de yngste gravene går opp til 1600–1700 e.Kr. Det oppsiktsvekkende er at noen av gravene også inneholder Kjelmøy-keramikk, det vil si at vi i Varanger kan trekke den bakre grensen for gravskikken tilbake til siste årtusen før Kristus. Mange graver er datert til det mellomliggende tidsrom, særlig til perioden 800–1100 e.Kr. (Kleppe 1974), og vi synes følgelig å ha å gjøre med en gravplass og en begravelsesform som strekker seg over 2000 år.

Tilkomsten av denne gravskikken føyer seg inn i rekken av de økonomiske og sosiale endringene vi ser i fangstsamfunnene i Finnmark i siste årtusen før Kristus. Selv om datagrunnlaget i de påfølgende 1500 år er dårlig, er det grunnlag for å fremsette en hypotese om at det siste årtusen før Kristus var en avgjørende fase for tilblivelsen av mange samiske kulturtrekk.

ETTERORD

Slik sluttet denne beretningen om Finnmarks forhistorie. I løpet av de foregående sider har vi fulgt samfunn gjennom 8000 år. Jeg håper at denne fremstillingen, på tross av sine forenklinger, har gitt et lite inntrykk av disse samfunnenes forskjellighet i tid og rom – der materiell kultur, sosial struktur, bosetningsmønster og ressursutnyttelse både har antatt nye former og – av og til – vendt tilbake til gamle. Jeg har forsøkt å vise at det arkeologiske materialet på tross av sine brister og feilkilder kan brukes til å fortelle en sosial historie om Finnmark.

Men: Dette må ikke oppfattes slik at det er det arkeologiske materialet selv som har fortalt sin historie. Tvert om. De materielle fragmentene vi har til rådighet, spriker i mange og diffuse retninger. De kan brukes som grunnlag for mange historier. Det som er viktig, er at vi stadig forteller historier om disse fragmentene. At vi ikke lar dem hvile i forsteinede fortolkninger, men stiller nye spørsmål, om *hvorfor* og *hvordan*.

I ei tid da det hevdes at «de store fortellingenes» tid er forbi, virker det kanskje gammelmodig å skrive en slik «total» historie. En historie som kanskje skaper en fiksjon om at heterogeniteten i kulturelle sjikt og strata lar seg innpasse i en enkel narrativ struktur, lar seg ordne i «forståelige» og «rimelige» kategorier. Jeg ser faren, men til dere som leser: de beste historie*ne* står å lese mellom linjene ...

LITTERATUR

Aario, L. 1943. Über die Wald- und Klimaentwicklungen an der lappländischen Eismeerkuste in Petsamo. *Suomal. eläinja kasvit. Seur. van. kasvit. Julk.* 19, s. 1–158.

Andreassen, R.L. 1985. *Yngre steinalder på Sørøy. Økonomi og samfunn 4000–1000 f.Kr.* Magistergradsavh. i arkeologi, Universitetet i Tromsø.

Andreassen, R.L. 1989. Yngre steinalder i Vest-Finnmark. Nye resultater – nye perspektiver. I L. Marstrander (red.): Ervervsstrategier i Norge i yngre steinalder. Forskningsstatus anno 1986. *Riksantikvarens rapporter* nr. 17.

Bakka, E. 1976. Arktisk og nordisk i bronsealderen i Nord-Skandinavia. *Miscellanea,* 25, Trondheim.

Balikci, A. 1984. Netsilik. I D. Damas (red.): Arctic. *Handbook of North American Indians* vol. 5, Washington.

Barth, F. 1969. Introduction. I F. Barth (red.): *Ethnic Groups and Boundaries,* Bergen.

Baudou, E. 1991. The archaeological background. I B. Hulthén: On ceramic ware in northern Scandinavia during the Neolithic, Bronze and Early Iron Age. *Archaeology and Environment* 8.

Baudou, E. 1993. *Norrlands forntid – et historiskt perspektiv,* Umeå.

Binford, L.R. 1980. Willow smoke and dogs tails: hunter-gatherer settlement system and archaeological site formation. *American Antiquity* 45, s. 4–20.

Binford, L.R. 1981. *Bones: Ancient men and modern myths,* New York.

Bjerck, H.B. 1986. The Fosna-Nøstvet problem. A consideration of archaeological units and chronozones in the south Norwegian Mesolithic Period. *Norwegian Archaeological Review* 19 (2), s. 103–122.

Bjerck, H.B. 1990. Mesolithic site types and settlement patterns at Vega, northern Norway. *Acta Archaeologica* 60, s. 1–32.

Bjerck, H.B. 1991. Spor etter de første nordlendinger i Steigen. Om funn av en 9600 år gammel boplass på Fure. *Årbok for Steigen* 1991, s. 32–39.

Bjørn, A. 1930. Noen bemerkninger om Komsakulturen. *Fornvännen* 1930, s. 342–350.

Bøe, J. og A. Nummedal. 1936. Le Finmarkien. *Institutt for sammenlignende kulturforskning* B, XXXII.

Bølviken, E., E. Helskog, K. Helskog, I.M. Holm-Olsen, L. Solheim og R. Bertelsen. 1982. Correspondence analysis: an alternative to principal components. *World Archaeology* 14, s. 41–60.

Carpelan, C. 1975. En översikt över den förhistoriska tiden i området kring Kemi älv. J. A. Erä-Esko (red.): *Kemijoki 8000 – laxälv i norr*, Statens Historiska Museum, Stockholm.

Conkey, M.W. og J.D. Spector. 1984. Archaeology and the study of gender. *Advances in Archaeological Method and Theory* 7, s. 1–38.

Dahlberg, F. (red.). 1981. *Woman the Gatherer*. New Haven.

Damas, D. 1984. Copper Eskimo. I D. Damas (red.): Arctic. *Handbook of North American Indians* 5, Washington.

Damm, C., A. Hesjedal, B. Olsen og I. Storli. 1993. Arkeologiske undersøkelser på Slettnes, Sørøy, 1991. *Tromura*, kulturhistorie nr. 23.

Denbow, J.V. 1984. Prehistoric herders and foragers of the Kalahari: the evidence of 1500 years of interaction. J. C. Shire (red.): *Past and Present in Hunter Gatherer Studies*, New York.

Eidlitz, K. 1969. Food and emergency food in circumpolar area. *Studia Etnographica Uppsaliensia* XXXII.

Engelstad, E. 1984. Diversity in Arctic maritime adaptations. An example from the Late Stone Age of Arctic Norway. *Acta Borealia* 2, s. 3–24.

Engelstad, E. 1985. The Late Stone Age of Arctic Norway: A review. *Arctic Anthropology* 22 (1), s. 79–96.

Engelstad, E. 1986. Ny datering av boplassen Skjåvika ved Hamningberg i Finnmark. *Tromura*, kulturhistorie nr. 6, s. 39–65.

Engelstad, E. 1988. Pit houses in Arctic Norway: An investigation of their typology using multiple correspondence analysis. I T. Madsen (red.): Multivariate archaeology: Numerical approaches to Scandinavian archaeology. *Jutland Archaeological Society Publications* 84, s. 71–84, Århus.

Engelstad, E. 1989. Mesolithic house sites in Arctic Norway. I C. Bonsall (red.): *The Mesolithic of Europe*, Edinburgh.

Eronen, M. 1979. The retreat of pine forest in Finnish Lappland since the Holocene climatic optimum. *Fennia* 157 (2), s. 93–114.

Fitzhugh, W. 1974. Ground slates in Scandinavian Younger Stone Age with reference to Circumpolar maritime adaptations. *Proceedings of the Prehistoric Society* 40, s. 45–58.

Foged, N. 1968. Diatomèerne i nogle potteskår fra Varanger. Varangerfunnene VI. *Tromsø Museums Skrifter* vol. VII:6.

Gjessing, G. 1935. Fra steinalder til jernalder i Finnmark. Etnologiske problemer. *Institutt for Sammenlignende Kulturforskning*, C, III:3.

Gjessing, G. 1938. Der Küstenwohnplatz in Skjåvika. *Acta Archaeologica* IX:3, s. 175–183.

Gjessing, G. 1942. Yngre steinalder i Nord-Norge. *Institutt for sammenlignende kulturforskning* B, XXXIX.

Gjessing, G. 1955. Prehistoric Social Groups in North Norway. *Proceedings of the Prehistoric Society* 21, s. 1–10.

Gjessing, G. 1975. Maritime Adaptations in Northern Norway's Prehistory. I W. Fitzhugh (red.): *Prehistoric Maritime Adaptations of the Circumpolar Zone*, Hague.

Graburn N.H. og B.S. Strong. 1973. *Circumpolar Peoples: An Anthropological Perspective.* Goodyear Regional Anthropology Series, Pacific Palisades, Canada.

Hagen, A. 1977. *Norges oldtid* 2. utg., Oslo.

Hauglid, M.A. 1993. *Mellom Fosna og Komsa. En preboreal «avslagredskapskultur» i Salten, Nordland.* Magistergradsavh. i arkeologi, Universitetet i Tromsø.

Harris, D.R. 1977. Settling down: an evolutionary model for the transformation of mobile bands into sedentary communities. I J. Friedman og M.J. Rowlands, (red.): *The Evolution of Social Systems*, London.

Helskog. E. 1974. The Komsa Culture: Past and Present. *Arctic Anthropology* XI, s. 261–265.

Helskog, E. 1978. Finnmarksviddas forhistorie. *Norges offentlige utredninger*, 1978:18a, s. 135–144.

Helskog, E. 1983. The Iversfjord locality. A study of behavioral patterning during the Late Stone Age of Finnmark, North-Norway. *Tromsø Museums Skrifter* vol. XIX.

Helskog, K. 1974a. Stone Age Settlement Patterns in the Interior of North Norway. *Arctic Anthropology* XI, 1974, s. 266–275.

Helskog, K. 1974b. Two tests of the Prehistoric Cultural Chronology of Varanger. *Norwegian Archaeological Review* 7 (2), s. 97–103.

Helskog, K. 1980. The Chronology of the Younger Stone Age in Varanger, North-Norway. *Norwegian Archaeological Review* 13 (1), s. 47–54.

Helskog, K. 1983. Helleristningene i Alta. En presentasjon og en analyse av menneskefigurene. *Viking* XLVII, s. 5–41.

Helskog, K. 1984. The Younger Stone Age Settlements in Varanger, North Norway. *Acta Borealia* 1 (1), s. 39–69.

Helskog, K. 1988. *Helleristningene i Alta. Spor etter ritualer og dagligliv i Finnmarks forhistorie*, Alta.

Hesjedal, A. 1991. *Helleristninger som tegn og tekst.* Magistergradsavh. i arkeologi, Universitetet i Tromsø.

Hesjedal, A. 1993. Finnmarks eldste helleristninger? *Ottar* 194, s. 25–35.

Hjärthner-Holdar, E. 1993. Järnets och järnmetallurgins introduktion i Sverige. *Aun* 16, Uppsala.

Hodder, I. 1982. *Symbols in action*, Cambridge.

Hodder, I. 1986. *Reading the past*, Cambridge.

Hood, B. 1988a. Undersøkelse av en steinalderboplass ved Aksujavri, Kautokeino kommune, Finnmark. *Tromura*, kulturhistorie nr. 14, s. 23–31.

Hood, B. 1988b. Sacred Pictures and Sacred Rocks: Ideological and Social Space in the North Norwegian Stone Age. *Norwegian Archaeological Review* 21 (2), s. 65–81.

Hood, B. 1992. *Prehistoric Foragers of the North Atlantic: Perspectives on Lithic Procurement and Social Complexity in the North Norwegian Stone Age and the Labrador Maritime Archaic*. Ph.D.-avh., University of Massachusetts.

Hood, B. og B. Olsen. 1988. Virdnejavre 112. A Late Stone Age – Early Metal Period site in interior Finnmark, North-Norway. *Acta Arcaeologica* 58, s. 105–125.

Hulthén, B. 1991. On ceramic ware in northern Scandinavia during the Neolithic, Bronze and Early Iron Age, *Archaeology and Environment* 8, Umeå.

Hultkrantz, Å. 1978. Ecological and Phenomenological Aspects of Shamanism. J. Bäckman og Hultkrantz (red.): *Studies in Lapp Shamanism*, Stockholm.

Hustich, I. 1968. Plant geographical regions. I A. Somme (red.): *A geography of Norden*, Oslo.

Huurre, M. 1975. Neitikoski. I *Kemijoki 8000-laxälv i norr*, red. A. Erä-Esko, Statens Historiska Museum, Stockholm

Huurre, M. 1986. The eastern contacts of Northern Fennoscandia in the Bronze Age. *Fennoscandia Archaeologica* III, s. 51–58. Helsingfors.

Hyvärinen, H. 1975. Absolute and relative pollen diagrams from northernmost Fennoscandia. *Fennia* 142, s. 5–23.

Hyvärinen, H. 1979. Flanrian Pollen Deposition Rates and Three Line History in Northern Fennoscandia. *Boreas* 5, s. 163–175.

Hyvärinen, H. 1985. Holoscene Pollen History of the Alta Area, an Isolated Pine Forest North of the General Pine Forest Region in Fennoscandinavia. *Ecologica Mediterranea* XI (1), s. 69–71.

Itkonen, T. 1918. Eine Ausgrabung auf Halbinsel Kola; *Suomen Museo* 1918, s. 35–38.

Johansen E. og K. Odner. 1968. Arkeologiske undersøkelser på Mortensnes ved Varangerfjorden. *Viking* XXXII, s. 57–85.

Johansen, O.S. 1979. Early Farming North of the Arctic Circle. *Norwegian Archaeological Review* 12 (1), s. 22–32.

Johnsen, H. og B. Olsen. 1992. Hermeneutics and Archaeology: On the Philosophy of Contextual Archaeology. *American Antiquity* 57 (3), s. 419–436.

Johnson, G.A. 1982. Organizational structure and scalar stress. I C. Renfrew, M.S. Rowlands og B.A. Segraves (red.): *Theory and Explanation in Archaeology*, s. 389–422. New York.

Jørgensen, R. 1984. *Bleik. Et økonomisk/økologisk studie av grunnlaget for jernaldergården på Andøya i Nordland*. Magistergradsavh. i arkeologi, Universitetet i Tromsø.

Jørgensen, R. 1986. The Early Metal Age in Nordland and Troms. *Acta Borealia* 4 (1), s. 61–84.

Jørgensen, R. og B. Olsen. 1988. Asbestkeramiske grupper i Nord-Norge, 2100 f.Kr.–100 e.Kr. *Tromura*, kulturhistorie nr. 13.

Karlén, W. 1976. Lacustrine sediments and treelimits variations as indications of Holocene-climatic fluctuations in Lappland, North-Sweden. *Geografiska annualer, serie A, Physical Geography* 58 (1–2), s. 1–34.

Kehusmaa, A. 1972. Kemijärven Neitilä 4. *Helsingin Yliopiston Arkeologian Laitos,* moniste nr. 3.

Kent, S. (red.). 1989. *Farmers as hunters. The implications of sedentism,* Cambridge.

Kolsrud, K. 1961. Sommersete. *Samiske Samlinger* V, Oslo.

Kleppe, E. Johansen. 1974. *Samiske jernalderstudier ved Varangerfjorden.* Magistergradsavh. i arkeologi, Universitetet i Bergen.

Kleppe, E. Johansen. 1977. Archaeological material and ethnic identification. A study of Lappish material from Varanger, Norway. *Norwegian Archaeological Reveiw* 10 (1–2), s. 32–46.

Knag, N. 1932 (1694). Matricul oc Beschrifuelse ofuer Findmarken for Anno 1694. I M. B. Utne (red.): Finnmark omkring 1700. *Nordnorske Samlinger* I (1), Oslo.

Lee, R.B. 1968. What do hunters do for living, or, how to make out on scarce resources? I R. Lee og I. DeVore (red.): *Man the Hunter,* Chicago.

Lee, R. og I. DeVore (red.). 1968. *Man the Hunter,* Chicago.

Leem, K. 1767. *Beskrivelse over Finnmarkens Lapper, deres Tungemaal, Levemaade og forrige Afgudsdyrkelse,* København.

Levi-Strauss, C. 1966. *The Savage Mind,* London.

Magnus, B. og B. Myhre. 1986. Forhistorien. *Norges historie* bind 1, Cappelen.

Meillasoux, C. 1973. From reproduction to production. A marxistic approach to economic anthropology. *Economy and Society* 1, s. 93–105.

Myrvoll, E. 1992. *Stil og samfunn. En analyse av materiell symbolisme og sosiale relasjoner i Varanger 2200 f.Kr.–Kr.f.* Magistergradsavh. i arkeologi, Universitetet i Tromsø.

Møller, J.J. 1987. Shoreline relation and prehistoric settlement in northern Norway. *Norsk Geografisk Tidsskrift* 41, s. 45–60.

Nesheim, A. 1947. Lappisk fiske og fisketerminologi. *Studia Septentrionalia. Lapponica.*

Niblack, A.P. 1970 (1888). *The Coast Indians of Southern Alaska and Northern British Colombia,* New York.

Nickul, K. 1948. The scolt lapp community Suenjelsijd during the year 1938. *Acta Lapponica* V.

Nordvi, A.G. 1855. Beretninger over de i 1853 og 1854 fortsatte undersøgelser af lappiske hedenske grave i omegnen af Mortensnes. *Oversikt over Det Danske Videnskabs Selskabs Forhandlinger,* s. 192–198.

Nummedal, A. 1926. Stenaldersfundene i Alta. *Norsk Geologisk Tidsskrift* IX (1), s. 43–47.

Nummedal, A. 1929. Stone Age finds in Finnmark. *Instituttet for sammenlignende kulturforskning*, serie B: skrifter XIII.

Nummedal, A. 1938. Redskaper av horn og ben fra Finnmark. *Viking* II, s. 145–150.

Odner, K. 1964. Erverv og bosetning i Komsakulturen. *Viking* XXVIII, s. 117–128.

Odner, K. 1966. Komsakulturen i Nesseby og Sør-Varanger. *Tromsø Museums Skrifter* vol. XII.

Odner, K, 1983. *Finner og terfinner.* Oslo Occasional Papers in Social Anthropology no. 1.

Odner, K. 1992. The Varanger Saami. Habitation and Economy AD 1200–1900. *Instituttet for sammenlignende kulturforskning*, serie B: Skrifter LXXXVI.

Olsen, B. 1983. Forhistorisk fiske med beinangler. *Ottar* 145, s. 17–22.

Olsen, B. 1984. *Stabilitet og endring. Produksjon og samfunn i Varanger 800 f.Kr.–1700 e.Kr.* Magistergradsavh. i arkeologi, Universitetet i Tromsø.

Olsen, B. 1985a. Virdnejavri 106. En sein-keramisk boplass på Finnmarksvidda. *Tromura*, kulturhistorie nr. 5, s. 9–40.

Olsen, B. 1985b. Arkeologi og etnisitet: et teoretisk og empirisk bidrag. I J.R. Næss (red.): Arkeologi og etnisitet. *Ams-Varia* 15.

Olsen, B. 1986. Nye undersøkelser på boplass 106, Virdnejavri. *Tromura*, kulturhistorie nr. 6, s. 13–22.

Olsen, B. 1987a. Stability and Change in Saami Band Structure in the Varanger Area of Arctic Norway, AD 1300–1700. *Norwegian Archaeological Review* 20 (2), s. 65–81.

Olsen, B. 1987b. Arkeologi, tekst, samfunn. Fragmenter til en post-prosessuell arkeologi. *Stensilserie B historie/arkeologi* nr. 24, Institutt for samfunnsvitenskap, Universitetet i Tromsø.

Olsen, B. 1991. Kjelmøyfunnenes «virkningshistorie» og arkeologi. *Viking* 54, s. 65–87.

Olsen, B. 1993. Hus mellom steinalder og historisk tid på Slettnes. *Ottar*, s. 36–46.

Olsen, B. u.å. Asbestkeramikk, symbolisme og samisk etnisitet. Upubl. manus.

Olsen, B. og Z. Kobylinski. 1991. Ethnicity in anthropological and archaeological research: a Norwegian-Polish perspective. *Archaeologia Polona* 29, s. 5–28.

Olsen, H. 1967. Varangerfunnene IV. Osteologisk materiale: Innledning – fisk – fugl. *Tromsø Museums Skrifter* VII:4.

Olsen, H. u.å. Varangerfunnene. Pattedyr. Upubl. manus.

Orme, B. 1981. *Anthropology for Archaeologists.* London.

O'Shea, J. og M. Zvelebil. 1984. Oleneostrovski Mogilnik: Reconstructing the social and economic organization of prehistoric foragers in northern Russia. *Journal of Anthropological Archaeology* 3, s. 1–40.

Price, T.D. 1985. Affluent foragers of Mesolithic Southern Scandinavia. I T.D. Price og J.A. Brown (red.): *Prehistoric Hunter-Gatherers: The Emergence of Cultural Complexity*, Orlando.

Price, T.D. 1991. The Mesolithic of northern Europe. *Annual Review of Anthropology* 20, s. 211–233.

Price, T.D. og J.A. Brown. 1985. *Prehistoric Hunter-Gatherers: The Emergence of Social and Cultural Complexity*, New York.

Rafferty, J.E. 1985. The Archaeological Record on Sedentariness: Recognition, Development, and Implications. *Advances in Archaeological Method and Theory* 8, s. 113–156.

Rankama, T. 1986. Archaeological research at Utsjoki Ala-Jalve. *Helsinki Papers in Archaeology* 1986:1.

Renouf, M.A.P. 1981. *Prehistoric Coastal Economy in Varangerfjord, North Norway*. Upubl. Ph.D.-avh., University of Cambridge.

Renouf, M.A.P. 1984. Northern coastal hunter-fishers: an archaeological model. *World Archaeology* 16 (1), s. 18–27.

Renouf, M.A.P. 1988. Sedentary Coastal Hunter-Fishers: An Example from the Younger Stone Age of Northern Norway. I J. Bailey og J. Parkington (red.): *The Archaeology of Prehistoric Coastlines*, Cambridge.

Renouf, M.A.P. 1989. *Prehistoric Hunter-Fishers of Varangerfjord, Northeastern Norway* BAR International Series 487, Oxford.

Reymert, P.K. 1980. *Arkeologi og etnisitet.* Magistergradsavh. i arkeologi, Universitetet i Tromsø.

Sahlins, M.D. 1968. Original Affluent Society. I R. Lee og I. DeVore (red.): *Man the Hunter*, Chicago.

Sandmo, A.K. 1986. *Råstoff og redskap - mer enn teknisk hjelpemiddel.* Magistergradsavh. i arkeologi, Universitetet i Tromsø.

Schanche, K. 1988. *Mortensnes, en boplass i Varanger. En studie av samfunn og materiell kultur gjennom 10 000 år.* Magistergradsavh. i arkeologi, Universitetet i Tromsø.

Schanche, K. 1989. Nye funn fra yngre steinalder i Varanger. *Viking* 52, s. 23–39.

Schanche, K. 1992. Den funntomme perioden. Nord-Troms og Finnmark i første årtusen e.Kr. *FOK-programmets skriftserie* nr. 2, NAVF, Oslo.

Schanche, K. u.å. (1994). *Hus og samfunn i Varanger omkring 2000 f.Kr.* Dr.art.-avh. i arkeologi, Universitetet i Tromsø.

Service, E.R. 1962. *Primitive Social Organisation.* New York.

Service, E.R. 1966. *The Hunters.*

New York.

Sharp, L. 1952. Stone axes for Stone Age Australians. *Human Organization* 11, s. 17–22.

Shumkin, V. 1990. On the Ethnogenesis of the Sami: An Archaeological View. *Acta Borealia* 7 (2), s. 3–20.

Siiriäinen, A. 1973. Studies relating to Shore Displacement and Stone Age Chronology in Finland. *Finskt Museum* 88.

Simonsen, P. 1961. Varangerfunnene II. *Tromsø Museums skrifter*, VII:2.

Simonsen, P. 1963. Varangerfunnene III. *Tromsø Museums skrifter*, VII:3.

Simonsen, P. 1964. Steinalderundersøkelser på Sørøy i Vest-Finnmark. *Håløygminne* 1964.

Simonsen, P. 1968. Steinalderen på Sørøy. *Ottar* 55 (1).

Simonsen, P. 1972. The transition from food-gathering to pastoralism in North Scandinavia and its impact on settlements patterns. I P.J. Ucko (red.): *Man, settlement and urbanism*, London.

Simonsen, P. 1973. Jæger og nomade i Finnmark. I G. Stamsø Munch og P. Simonsen (red.): Bonde – veidemann – bofast – ikke bofast i Nordens forhistorie. *Tromsø Museums skrifter* XIV.

Simonsen, P. 1975. Veidemenn på Nordkalotten, hefte 1 og 2. *Stensilserie B*, 1–2, ISV, Universitetet i Tromsø.

Simonsen, P. 1979a. Juntavadda og Assebakte, to utgravninger på Finnmarksvidda. *Acta Borealia* B, 17.

Simonsen, P. 1979b. Veidemenn på Nordkalotten, hefte 3. *Stensilserie B*, 17, ISV, Universitetet i Tromsø.

Simonsen, P. 1980. Comments on The Chronology of the Younger Stone Age in Varanger, North Norway. *Norwegian Archaeological Review* 13 (1), s. 55–57.

Simonsen, P. 1982. Veidemenn på Nordkalotten, hefte 4. *Stensilserie B*, 21, ISV, Universitetet i Tromsø.

Simonsen, P. 1985. Utgravninger ved Virdnejavre, Kautokeino kommune, Finnmark. *Tromura*, kulturhistorie nr. 5, IMV, Universitetet i Tromsø.

Simonsen, P. 1986. Fortsatte undersøkelser ved Virdnejavri, Kautokeino kommune, Finnmark. *Tromura*, kulturhistorie nr. 6, s. 1–12.

Simonsen, P. (red.). 1987. Altakraftverkene. Kulturhistoriske registreringer og utgravninger 1982. *Tromura*, kulturhistorie nr. 8.

Sohlström, B. 1992. En stenåldershydda – en bosättningsanalys. I M. Huurre, P. Halinen, M. Lavento og J. Moisanen (red.): Kantältä Poimittua. *Museovirasto Esihistorian Toimisto Julkaisu* No 2.

Solberg, O. 1909. Eisenzeitfunde aus Ostfinmarken. *Christiania Videnskabsselskabers skrifter* nr. 7.

Solberg, O. 1911. Ein neuer eisenzeitlicher Fund aus Ostfinmarken in Norwegen. *Praehist. Zeitschr.* III (3–4), s. 347–355.

Sollid, J.L., S. Andersen, N. Hamre, O. Kjeldsen, O. Salvigsen, S. Stuerød, T. Tveita og A. Wilhelmsen. 1973. Deglaciation of Finnmark, North Norway. *Norsk Geografisk Tidsskrift* 27 (1), s. 233–325.

Spencer, R.F. 1959. *The North Alaskan Eskimo: a study in ecology and society*, Washington.

Steward, J.H. 1955. *Theory of cultural change*, Urbana.

Storli, I. 1991. «Stallo»boplassene. Dr.art.-avh. i arkeologi, Universitetet i Tromsø.

Storå, N. 1971. Burial customs of the Scolt Lapps. *F.F. Communicationes* nr. 210, Helsinki.

Storm, G. 1895. *Historisk-topografiske Skrifter om Norge og norske Landsdele, forfattede i Norge i de 16de Århundrede.* Christiania. S. 221–233: Om Finnmarken. Ukjent forfatter.

Søborg, H.C. 1988. Knivskarpe grenser for skiferbruk i steinalderen. *Arkeologiske skrifter* 4. Historisk museum, Bergen.

Tallgren, A.M. 1937. The Arctic Bronze Age in Europe. *Eurasia Septentrionalia Antiqva* XI, s. 354–364.

Tanner, V. 1928. Om Petsamo-kustlapparnas sägner om forntida underjordiska boningar, s.k. jennam.vuolas.-kuatt. *Finskt Museum* 1928, s. 1–24.

Tanner, V. 1929. Skoltlapparna. *Fennia* 49, nr. 4.

Testart, A. 1982. The signification of food storage among hunter-gatherers: Residence patterns, population densities, and social inequalities. *Current Anthropology* 23 (5), s. 523–571.

Tilley, C. 1991. *Material Culture as Text. The Art of Ambiguity*, Oxford.

Torgersen, J., B. Getz og P. Simonsen. 1959. Varangerfunnene I, funn av menneskeskjeletter. *Tromsø Museums Skrifter* VII (1).

Vanstone, J.M. 1984. Mainland Southwest Alaska Eskimo. I D. Damas (red.): Arctic. *Handbook of North American Indians* 5, Washington.

Vorren, Ø. 1951. Reindrift og nomadisme i Varanger-traktene. *Tromsø Museums Årshefter* vol. 69.

Vorren, Ø. 1958. Samisk villreinfangst i eldre tid. *Ottar* 17:2.

Vorren, Ø. 1978. Bosetning og ressursutnytting under veidekulturen og dens differensiering. *Norges offentlige utredninger* 1978:18a, s. 145–162.

Vorren, Ø. 1979. Den samiske bosetning i Sør-Varanger. I *Sør-Varangers historie,* Kirkenes.

Vorren, Ø. 1980. Samisk bosetning på Nordkalotten, arealdisponering og ressursutnytting i historisk-økologisk belysning. *Acta Univ. Umensis* nr. 24.

Wobst, H.M. 1978. The Archaeo-ethnology of hunter-gatherers or the tyranny of the ethnographic record in archaeology. *American Antiquity* 43, s. 303–309.

Woodburn, J. 1980. Hunters and gatherers today and reconstruction of the past. E. Gellnes (red.): *Soviet and Western Anthropology*, s. 95–118. New York.

Woodman, 1993. From Ferriter's Cove to Finnmark. *Acta Archaeologica* vol. 63, s. 57–76.

Zuralev, A.P. 1975. O drevnejsem centre metalloobrabotki medi v Karelii. *Kratkije Soobscenija, Institut Materialnoi Kultury SSSR* 142, s. 31–38.

Yates, T. 1989. Habitus and social space: some suggestions about meaning in the

Saami (Lapp) tent c. 1700–1900. I. Hodder (red.): *Material Culture and Symbolic Expression*, London.

Yesner, D.R. 1980. Maritime Hunter-Gatherers: Ecology and Prehistory. *Current Anthropology* 21 (6), s. 727–750.

SAKREGISTER

NAVNEREGISTER